世界名人非常之

★★★★★★★

SHIJIEMINGREN
FEICHANGZHILU

诸葛亮

躬耕隐士成为千古谋臣

乾坤鱼◎编著

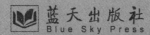

蓝天出版社
Blue Sky Press

图书在版编目（CIP）数据

诸葛亮 / 乾坤鱼编著 . —2 版 . —北京 ： 蓝天出版社，
2011. 1

（世界名人非常之路）

ISBN 978－7－5094－0510－9/01

Ⅰ.①诸… Ⅱ.①乾… Ⅲ.①诸葛亮（181~234）－
传记－青少年读物 Ⅳ.①K827＝362

中国版本图书馆 CIP 数据核字（2011）第 000326 号

诸葛亮

出版发行：蓝天出版社

地　　址：北京市复兴路 14 号

邮　　编：100843

电　　话：010－66983784 （编辑）66983715 （发行）

经　　销：全国新华书店

印　　刷：三河市越阳印务有限公司

开　　本：16 开（155mm×225mm）

字　　数：180 千字

印　　张：12. 5

印　　数：1－5000 册

版　　次：2015 年 7 月第 2 版

印　　次：2015 年 7 月北京第 1 次印刷

定　　价：38. 80 元

（本书如有印装质量问题，请与我社发行部联系退换）

　　培根说："用伟大人物的事迹激励我们每个人，远胜于一切教育。"

　　的确，崇拜伟人、模仿英雄是每个人的天性，人们天生就是伟人的追星族。我们每个人在追星的过程中，带着崇敬与激情沿着伟人的成长轨迹，陶冶心灵，胸中便会油然升腾起一股发自心底的潜力，一股奋起追求的冲动，去寻找人生的标杆。那种潜移默化的无形力量，会激励我们向往崇高的人生境界，获得人生的成功。

　　浩浩历史千百载，滚滚红尘万古名。在我们人类历史发展的进程中，涌现出了许多可歌可泣、光芒万丈的人间精英。他们用巨擘的手、挥毫的笔、超人的智慧、卓越的才能书写着世界历史，描绘着美好的未来，不断创造着人类历史的崭新篇章，不断推动着人类文明的进步和发展，为我们留下了许多宝贵的精神财富和物质财富。

　　这些伟大的人物，是人间的英杰，是我们人类的骄傲和自豪。我们不能忘记他们在那历史巅峰发出的宏音，应该让他们永垂青史，英名长存，永远纪念他们的丰功伟绩，永远作为我们的楷模。以使我们未来的时代拥有更多的出类拔萃者，以便开创和编织更加绚丽多姿的人间美景。

　　在我们追寻伟人的成长历程中会发现，虽然每一位人物的成长背景都各不相同，但他们在一生中所表现出的辛勤奋斗和顽强拼搏精神，则是殊途同归的。这正如爱默生所说："伟大人物最明显的标志，就是他们拥有坚强的意志，不管环境怎样变化，他们的初衷与希望永远不会有丝毫的改变，他们永远会克服一切障碍，达到他们期望的目的。"同时，爱默生又说，"所有伟大人物都是从艰苦中脱颖而出的。"

　　伟大人物的成长也具有其平凡性，关键是他们在做好思想准备进行人生不懈追求的过程中，从日常司空见惯的普通小事上，迸发出了生命的火花，化渺小为伟大，化平凡为神奇，获得灵感和启发，从而获得伟大的精神力量，去争取伟大成功的。这恰恰是我们每个人都要学习的地方。

正如吉田兼好所说："天下所有的伟大人物，起初都很幼稚而有严重缺点的，但他们遵守规则，重视规律，不自以为是，因此才成为一代名家，而成为人们崇敬的偶像。"

为此，我们特别推出"世界名人非常之路"丛书，精选荟萃了古今中外各行各业具有代表性的有关名人，其中包括政治领袖、将帅英雄、思想大家、科学巨子、文坛泰斗、艺术巨匠、体坛健儿、企业精英、探险英雄、平凡伟人等，主要以他们的成长历程和人生发展为线索，尽量避免冗长的说教性叙述，而采用日常生活中富于启发性的小故事来通达他们成功的道理，尤其着重表现他们所处时代的生活特征和他们建功立业的艰难过程，以便使读者产生思想共鸣和受到启迪。

为了让读者很好地把握和学习这些名人，我们还增设了人物简介、经典故事、人物年谱和名人名言等相关内容，使本套丛书更具可读性、指向性和知识性。

为了更加形象地表现名人的发展历程，我们还根据人物的成长线索，适当配图，使之图文并茂，形式新颖，设计精美，非常适合读者阅读和收藏。

我们在编撰本套丛书时，为了体现内容的系统性和资料的翔实性，参考和借鉴了国内外的大量资料和许多版本，在此向所有辛勤付出的人们表示衷心谢意。但仍难免出现挂一漏万或错误疏忽，恳请读者批评指正，以利我们修正。我们相信广大读者通过阅读这些世界名人的成长与成功故事，领略他们的人生追求与思想力量，一定会受到多方面的启迪和教益，进而更好地把握自我成长的关键，直至开创我们的成功人生！

诸葛亮

少年才子

游学拜师

初出茅庐

奠定蜀国

诸葛亮

鞠躬尽瘁

附 录

人物简介

生卒与经历

诸葛亮（181~234），字孔明，号卧龙，汉族，琅邪阳都，即今山东临沂市沂南县人，蜀汉丞相。

诸葛亮在世时被封为武乡侯，谥曰忠武侯。后来的东晋政权为了推崇诸葛亮的军事才能，特追封他为武兴王。

诸葛亮27岁时，刘备三顾茅庐，会见诸葛亮，问以统一天下大计，诸葛亮精辟地分析了当时的形势，提出了首先夺取荆、益作为根据地。对内改革政治，对外联合孙权，南抚夷越，西和诸戎，等待时机，两路出兵北伐，从而统一全国的战略思想，这次谈话即是著名的"隆中对"。

诸葛亮辅佐刘备，联孙抗曹，大败曹军于赤壁，形成三国鼎足之势，夺占荆州。

建安十六年，攻取益州。后又击败曹军，夺得汉中。

建安二十六年，刘备在成都建立蜀汉政权，诸葛亮被任命为丞相，主持朝政。三年后，刘备病危，以后事相托。刘禅继位，诸葛亮被封为武乡侯，领益州牧。

诸葛亮勤勉谨慎，大小政事必亲自处理，赏罚严明，与东吴联盟，改善和西南各族的关系，实行屯田，加强战备。

建兴五年，上疏《出师表》于刘禅，率军出驻汉中，前后六次北伐中原，多以粮尽无功而回。

建兴十二年，终因积劳成疾，病逝于五丈原军中，将后事托付于姜维。

成就与贡献

诸葛亮是三国时期蜀国杰出的政治家、思想家、军事家、发明家。千百年来，诸葛亮成为智慧的化身，其传奇性故事为世人传诵。

诸葛亮的著述，在《三国志》本传中载有《诸葛氏集目录》，共24篇，10.4万字。后人所编，以清人张澍辑本《诸葛忠武侯文集》较为完备。

诸葛亮一生主要著作有《前出师表》《后出师表》《隆中对》等。由于作战的需要，他在天文、符咒、奇门遁甲上研究很深，《三国演义》上讲述很多。

诸葛亮娴熟韬略，多谋善断，长于巧思，曾革新"连弩"，可同时发射十箭。做"木牛""流马"，便于山地军事运输，还推演兵法，作"八阵图"。

地位与影响

诸葛亮明法、正身、治军，以"鞠躬尽瘁，死而后已"的无私奉献精神战斗到生命的最后一息。他的忠公体国精神，生前就深受蜀人爱戴，死后更长期受到后人的敬仰，已成为中华民族传统文化的一份遗产。

作为三国故事中足智多谋的军师，诸葛亮的文学形象随着《三国演义》而广泛深入人心，并对后来小说如何着力刻画谋士、幕僚之类人物的文学形象产生了相当大的影响。

诸葛亮虽然没能实现统一国家的夙愿，但通过不懈的努力，为我国西南地区的开发和国家统一作出了一定的贡献。他的聪明才智一直受到人们的尊敬和推崇，给后世留下了深远的影响。

少年才子

君子的品行，以安静努力提高自己的修养，以节俭努养情己的品德。不恬淡寡欲就不能呈现出自己的志向，不宁静就不能达到远大的目标。

—— 诸葛亮

在乱世当中诞生

东汉灵帝光和四年，在鲁南阳都县，即今山东沂南的一个家学传承的官宦之家，一个男婴呱呱坠地了。这就是后来被称为卧龙的诸葛亮。

诸葛亮的父亲名叫诸葛珪，字君贡，东汉末年在泰山郡任郡丞。

据说，他们的祖上原先并不住在阳都县，而是住在诸县，即今山东诸城西南。他们的祖先是秦末农民起义首领陈胜手下的将领葛婴，后来被陈胜杀害。汉文帝时，为了追录葛婴反秦之功，便将他的孙子封为诸县侯。

从此，葛婴的后代便世代居住于此，并把地名和姓氏合在一起，以诸葛为姓。

诸葛氏是齐鲁地区的显赫大族，在西汉时曾出过大名鼎鼎的司隶校尉诸葛丰。

诸葛丰字少季，西汉琅琊诸县人。诸葛丰以刚直著称于世。他自幼聪慧，读经阅史，曾为御史大夫贡禹属官，后荐举为文学侍御史。

汉元帝时，曾授其为司隶校尉，继而长为光禄大夫。他性情刚正不阿，执法公允，不畏权贵，对贪官污吏、专事阿谀奉承之小人恨之入骨，百姓很尊重他。元帝嘉奖他的节操，授予他符节，加封为光禄大夫，给予很高的荣耀。

诸葛丰在执法中触及元帝的宠臣时，被元帝下令收回符节，降为城门校尉。从诸葛丰开始，历史上的司隶校尉不再掌握符节了。

诸葛丰降为城门校尉后，继续上书检举官员们的不法行为，反被元帝说他诬陷好人，予以治罪。本要服刑，见他年老，故罢官为庶人，后病死。

诸葛丰是三国时著名政治家、军事家诸葛亮之远祖，《汉书》有传。

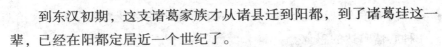

到东汉初期，这支诸葛家族才从诸县迁到阳都，到了诸葛珪这一辈，已经在阳都定居近一个世纪了。

诸葛亮刚刚诞生的年代，正是东汉政治日益腐败、黑暗的时期。

诸葛亮之父诸葛珪给大儿子取名诸葛瑾，希望他像美玉一样洁白，也希望朝廷政治能像玉一样洁净。如今，继一男二女之后，诸葛亮又来到这个世上。

婴儿呱呱坠地的哭泣声，让诸葛珪从对眼前乱世的感慨当中惊醒了过来，7岁的大儿子诸葛瑾大叫着："爹，爹，俺娘给俺又生了一个弟弟。"

诸葛珪答应一声，一丝喜悦涌上心头，拉着诸葛瑾的小手，疾步向后院走去。

进到房间，诸葛珪安慰了妻子章氏几句。从接生婆手中接过了孩子，仔细地端详了起来。

手中的儿子胖乎乎的，浓密漆黑的头发，白里透红的脸蛋，仿若粉雕玉琢一般。面孔方正，天庭饱满，两只眼睛不断地转动着，透着一股机灵劲儿。

诸葛珪不由心中一阵高兴，转头对床上的章氏说："这个孩子目隆清莹，骨爽气俊，长得既像爹又像娘，长大后定是个有作为的人。"

章氏脸上露出了笑容，对诸葛珪说"老爷就给儿子起个名字吧！"

诸葛珪是个饱学之士，闻言不由边踱步边思索了起来。透过窗孔向屋外望去，天空一片瓦蓝，天色已经大亮。院内老竹

新蔓，清爽怡人，玫瑰吐秀，百鸟啁啾，空气中溶泛着翡翠异彩，给人一种心情旷达的感觉。

诸葛珪看着这些情景，捋捋胡须，微笑着对夫人说道："这孩子生在天亮之际，嗓音洪亮，就起名叫诸葛亮，字孔明吧！"

章氏觉得这个名字好听而且大气，心中满意，于是点头同意。她从丈夫手中接过诸葛亮，轻放在被窝中。

诸葛珪给诸葛亮起的这个名字，也意在让这个孩子发扬家族光明正直的家风，希望黑暗的朝政变得光明起来。

诸葛珪也知道，自己的希望一半可行，另一半却可能会落空。诸葛珪相信有自己严格的教育，有世代家风的熏陶，孩子们的成长不会使自己失望。

但是，对于朝廷政治他就不敢说了，诸葛瑾的名字已经叫了七年了，朝政并没变得像玉一样洁净。

现在，黑暗的朝政能变得清明吗？望着诸葛亮襁褓中那甜甜的笑脸，诸葛珪心中不禁感慨道：这个孩子生不逢时啊！

自幼就聪明好学

岁月荏苒，时光如梭。诸葛亮已经从一个咿呀学语的稚子长成了珠玑满腹的孩童。

3岁的时候，诸葛亮已认识数百字了，4岁便能诵读诗词，5岁时，父母把他送到官办的文学馆读书。

由于诸葛亮天资聪慧、勤奋好学，学业上进步很快。师长讲课时，他认真听讲，不懂就问，力求弄懂弄通，有独到的见解和体会。有几次，诸葛亮就历朝名士施展文韬武略、智谋兴邦等事例，提出一些问题，竟把老师问得哑口无语。

不仅如此，诸葛亮自幼才华过人，博闻强识，读书过目不忘。他曾向老师借来一本《晏子春秋》，只读一遍，就能背诵如流，一时间在学馆中传为美谈。

学堂内有个老学究，喜欢下棋，在阳都很有名气，听说诸葛亮精通棋艺，老先生特地把他叫到屋中对弈，结果一胜四败，白发人败在学童之手，使人惊叹不已。

汪家庄有位亲戚，想造条大船出外做生意，但计算不出造船需要多少材料。亲戚就向诸葛珪请教，诸葛珪回答不出，在一旁的诸葛亮却说："可以先造条小船，计算好材料数量。再看看要造的那条大船相当于小船的多少倍，大船所需材料的数量也就计算出来了。"按照诸葛亮的办法去做，船很快造成了。

在学馆里面，有个叫朱波的学童，倚仗其父是奉县的县丞，骄横不法，浪荡成性，经常欺侮同班其他学童。

对于朱波的所作所为，大家都非常气愤，背地里喊他"小霸王"。但是，诸葛亮从不惧怕朱波，经常直言斥责他的恶行。

朱波因为诸葛亮的父亲诸葛珪比自己父亲的官大一级，嫉妒诸葛亮，不敢在他面前放肆。

　　有一次，朱波又无故毒打了一名学生，诸葛亮和几位小伙伴一商量，用计先支走朱波的家丁，在放学的路上，把朱波骗到荒郊野外，在历数其恶行后，众人拳打脚踢，把朱波狠打了一顿。

　　从那以后，朱波再也不敢为所欲为。主持正义的诸葛亮周围很快聚集了一批少年朋友，大伙儿都亲切地叫他"亮哥"，学馆里的教学秩序也相应地好了起来。

　　诸葛珪尽管远在泰安做官，但仍非常关心子女们的学习和生活，不时托人捎回书籍让他们阅读，每次回家都提出问题对孩子们考问，诸葛亮回答得最好，常得到父亲的称赞。

　　一次，叔父诸葛玄对两个侄儿进行考问。老大诸葛瑾对《尚书》《左传》等有一定的见解，对传统的礼、乐、射、御、书、鼓六艺感兴趣，诸葛亮则喜欢钻研治国权谋方面的书籍，有问必答。

　　诸葛玄感慨地说："老二将来要成为一个治世的能臣。"

受优良传统熏陶

诸葛珪生活在东汉政治最糟糕的时期。从诸葛珪记事时起，他就常听大人讲宫中宦官和外戚轮流秉政的故事。

自从汉章帝刘炟以后，东汉朝中继位的皇帝都很幼小。和帝 10 岁继位，殇帝诞生不到百日继位，安帝 13 岁继位，顺帝 11 岁继位，冲帝两岁继位，质帝 8 岁继位，桓帝 15 岁继位。

"襁褓皇帝"和"童年天子"都是有名分和地位，但却不可能有成熟的政治统治经验，因而不可能真正独立行使最高首脑的权力。真正的权力由皇帝的母后及娘舅家族掌握。这就出现了外戚秉政的现象。

但是，当小皇帝一天天长大以后，他们就希望从外戚的控制下摆脱出来，于是他们就依靠宫中与外戚不同的另一群人宦官的力量把外戚扳倒。

诸葛珪所生活的时代，正赶上新一轮外戚反对宦官的斗争。这次斗争的一个新特点，就是有士大夫集团的参加。

早在桓帝时期，郭泰、贾彪便被太学中万余名学生推为领袖，他们和李膺、陈蕃、王畅等互相赞誉褒扬。当时被这种方式赞誉的除了李膺、陈蕃、王畅外，还有范滂等人。他们痛恨宦官专擅朝政，以诛除宦官澄清政治为己任，因此也遭到宦官的报复。

宦官们找了个借口，把士大夫集团的领袖人物诬为"党人"，将他们罢官、逮捕、通缉，制造了第一次"党锢之祸"。

桓帝死后，灵帝继位。灵帝继位时只有 12 岁，是由外戚窦武和他的女儿窦太后策立的。窦武的用意很明显，就是要通过小皇帝控制朝政。为了达到这个目的，他撤销了党锢禁令，联合党人，企图把宦官势力打下去。

不料，宦官们却事先知道了消息，他们抢在党人前面，又一次制

造了"党锢之祸"，这一次对党人的镇压更加严厉，领袖人物入狱身亡，其他人则在全国范围内遭到搜捕通缉。被捕的百余名党人全部死于狱中，再加上在此之前已故者、被逼逃亡者、被流徙者，总共约有六七百人被牵连进来。

此外，朝廷还下了一条严厉的禁令。党人永远不许为官。这条禁令是灵帝建宁二年发出的，到诸葛亮出生这年，党人仍在被禁锢之中。

诸葛珪虽不是党人，但他的政治立场却是站在党人一边的。诸葛珪痛恨宦官专权、误国、殃民，他不愿意与朝中恶势力同流合污。

诸葛家族累世家学，社会地位很高。诸葛家族与朝中累世公卿的袁氏关系密切，按照其社会地位、政治关系，诸葛珪可以在朝中为官。但他觉得，在宦官把持下的朝中做官是不会有所作为的，因此，他只在泰山郡任郡丞，是郡一级行政长官郡守的副手。

在别人眼里，这是个肥缺、美差，但诸葛珪却牢记祖先教诲，忠于职守，从不贪赃枉法，昭雪了不少冤案，深得百姓拥护，也因此得罪了不少人，尽管当了多年的官吏，家中日子过得并不富裕。

在泰安任上，诸葛珪和现任郡守王禄的关系越来越紧张。王禄的官职是掏钱买来的，他虽然对治国兴邦之道一窍不通，但对百姓却如狼似虎、敲骨吸髓。

诸葛珪当然不会同这样的人同流合污，因此每每遭到斥责、排挤。

诸葛珪回家曾对夫人谈起准备辞官务农之事，章氏没有明确反对，婉言劝阻道："朝纲败坏，少数人无力回天。惹恼了太守，今后的处境更难。为了孩子们，你就忍气混日子吧！"

但诸葛珪仍决心按照自己的意愿行事，同奸邪势力作斗争。

相对而言，诸葛亮的叔叔诸葛玄更是洒脱，他干脆断绝仕宦的念头，什么官也不做，却仍和被朝廷通缉的党人领袖刘表等人秘密往来。

尽管诸葛珪认为孩子们生不逢时，政治前途渺茫，但作为家学的传承者，他并未放松对孩子们的教育。他教孩子们学习《诗经》《尚书》等儒家经典及《管子》《商君书》《六韬》等诸子学说，更以自己的正直品格影响着孩子们。

比起同时代人，诸葛亮是个不幸中的幸运儿。诸葛亮出生在具有丰厚文化土壤的齐鲁大地。这里是儒家文化的发源地。

早在西周初期，太公及其后代便在齐地实施"仁政"，周公的后代在鲁地实施"礼教"，从而为完整的儒家理论体系的产生奠定了基础。儒学先圣孔子、孟子在这里产生并不是偶然的。

这里深厚的文化土壤为诸葛亮的成长提供了丰富的精神营养。诸葛亮日后对儒法思想的融会贯通，对传统政治军事思想的发展创新，都与齐鲁文化的熏陶有关。

诸葛亮出生在一个具有优秀家风的家族。

这是一个看重知识学问、讲求博学广闻的家族。诸葛家族累世经学，从诸葛亮的父亲、叔叔与汉末名士刘表、朝中公卿袁氏的密切关系中可以看出，他们都是名士之流。

诸葛亮的哥哥诸葛瑾，自幼刻苦好学，年纪不大时便到京师游学，学习《诗经》、《尚书》、《左传》等儒家经典。在这种家庭环境中，诸葛亮也从小养成了良好的学习习惯。

诸葛亮的祖先诸葛丰，不畏强暴，惩治外戚许章的事迹被史家记入史册，诸葛亮每读《汉书》，都能从祖先那里感受到刚正不阿、疾恶如仇的骨气。

诸葛亮的父亲、叔叔同情党人，不与宦官为伍的充满正气的行为，更是深深地影响了诸葛亮。叔叔诸葛玄，给他讲了许多党人的事迹。

如党人领袖陈蕃，15 岁时曾独居一室。他父亲的朋友一次来到他家，见院内屋里脏乱不堪，便问："你为什么不将屋子打扫干净来迎接客人呢？"

陈蕃回答说："大丈夫处世，当扫除天下，安事一室乎！"

再比如，党锢事件发生后，朝廷下令逮捕党人。党人领袖范滂听说县中正在为拘捕自己而为难时，便到县衙投案。

县令郭揖表示宁可弃官不做，也要放范滂逃生。

范滂却说："滂死则祸塞，何敢以罪累君。"他从容地诀别家人，然后慷慨就义。

党人这些忧国忧时、心怀济世、疾恶如仇、不畏强暴、舍生殉道、敢做敢当的品质，深深地震撼着诸葛亮那幼小的心灵。

诸葛亮从叔叔那里明白了一个道理，那些污蔑别人钩党不轨的人正是祸国殃民的国贼，而那些身背图谋大逆罪名的党人却是国家的忠良之臣。任何事情都不要听别人怎么说，而是要看他们怎么做。

失去了父母双亲

早在诸葛亮4岁的时候，就爆发了黄巾农民大起义。

虽然黄巾军主力很快遭到镇压，但黄巾军余部坚持斗争二十余年，给东汉朝廷以沉重打击。

在镇压黄巾起义的过程中，为了扩大自己的力量，东汉朝廷解除了党锢。

党锢的解除，给士大夫集团在政治上提供了发展的机会，他们关心政治、匡时济世、舍生殉道的精神对社会产生了很大影响。

在镇压黄巾起义的过程中，汉灵帝为了加强地方政权的力量，平定各地区的反抗，采纳了太常刘焉的建议，设立州一级的行政长官州牧，一改郡县两级的行政体制。

出任州牧者，多为朝廷重臣，掌握州中财、政、军大权。

东汉朝廷本想通过镇压黄巾起义，以加强中央的统治。

但当黄巾起义的风暴过后，统治者惊奇地发现，欲恢复原来的秩序已根本不可能了。

各地方豪强势力拥兵自重，形成了大大小小的武装军阀集团。在中央朝廷，士大夫集团的势力不断壮大，成为地方豪强在中央的政治代表。

中平六年四月，汉灵帝死，少帝即位。在此期间，外戚何进企图在士大夫集团的支持下除掉宦官，结果反被宦官所杀。

士大夫集团中的实力派袁绍又将宦官斩尽杀绝。随后地方军阀董卓进入京城，掌握朝政。

关东的实力派又以讨伐国贼董卓的名义扩展自己势力。至汉献帝初年，全国各地先后形成了几个大的武装割据集团。

这是一个中央集权土崩瓦解的时期，一个地方实力派争夺地盘的时期，一个分裂割据的时期，一个只能谋求局部统一，然后再进一步

实现全国统一的时期。

生活在这样一个动荡的时期，诸葛亮是不幸的。

但从另一角度看，诸葛亮又是幸运的。

因为这又是一个政治舞台风云际会的时代，一个为实现国家统一、人民生活安定，从而出现的龙争虎斗各显英雄本色的时代，一个呼唤英雄、需要英才的时代。

如果说，诸葛亮家乡丰厚的文化土壤是他成长的地利，家庭的良好教育和影响是人和，那么这个时代就是他成长的天时。

天时、地利、人和，终于使诸葛亮成为三国时期人才群星中最灿烂、最耀眼的一颗。

那年夏天，黄巾军一万多人奉张角之命进入阳都县。每到一地，打官府，抢食粮，活捉当地的最高长官处以极刑。

黄瞳县令没有满足义军的要求，双方在阳都县境内展开了激战。

由于力量悬殊，官军吃了败仗，义军杀了批贪官污吏和土豪劣绅。

义军走后，土匪无赖趁机而动，打家劫舍为害乡里。

很多人家都遭了难，诸葛亮家的房屋也被烧了几间。

学堂上不成课了，先生们纷纷逃难出走，诸葛亮只得辍学回到家中。

几年来，泰安郡的郡守换了三任，一任比一任贪婪无厌。

开始时，他们要利用诸葛珪熟悉民情，安抚民众，一旦站稳脚跟，便荒淫奢侈，聚敛钱财，不择手段地排斥异己。

诸葛珪洁身自好，忧国忧民，不肯同贪官污吏合作，而在这污浊不堪，群丑登台的混浊世界中，少数清官是无法同邪恶势力抗衡的。

在这其中，太守王禄最为贪婪暴敛。王禄也曾一度失官，因九姨太碧莲长得如花似玉，风流多情，王禄忍痛把她送给州刺史做妾，博得了上司青睐，又换来一顶官帽子，重新到泰安来做官。

黄巾军主力转移后，王禄纵兵掳掠，残害百姓，滥杀无辜，中饱私囊，使得诸葛珪非常愤慨。他表面曲意奉承，暗中却故意作梗。

一天，王禄在奉高、弗县抢了四十多名民女，挑选有姿色者肆意奸淫，还杀死了十多名不从和反抗者。

诸葛珪当面劝阻，私开幽室，放跑了六个姑娘，使王禄大为不满，恼怒在心。

王禄趁朝廷使者来泰安挑驴供皇帝玩乐之际，派诸葛珪承办此事，暗中却买通宦官，挑了一头瘸驴充数。

到京城后事情暴露，皇帝恼怒，免去了诸葛珪的官职，令王禄将其毒打一顿，驱逐回家。

王禄公报私仇，终于如愿。

汉灵帝中平五年，是一个多灾多难年月。

这一年，接连发生的几件事，犹如雪上加霜，使诸葛亮家的家境每况愈下，日渐艰难。

在这一年里，诸葛亮舅舅的死去，使诸葛亮全家悲痛不已。

舅舅家住在依山靠水的章家村，家有良田千余亩，深宅大院，由于善于操持，收入丰厚，在方圆数十里算得上是富裕人家。

舅舅为人豪爽正直，又讲义气。对待乡亲们他乐善好施，对待奸诈之徒，他疾恶如仇。

有一天夜晚，七八十名盗贼闯到了舅舅家中，见物就抢，见人就杀。

章家的人急忙持械反抗。由于敌众我寡，在激烈的搏斗中，舅舅不幸中矢丧命。

十多名家丁被杀死，七八名侍女被抢走，剩余的仆人四散逃命。

诸葛亮母亲自弟弟去世之后，就一直精神恍惚，面容惨淡，茶饭不思，郁郁寡欢。

大约在诸葛亮 6 岁的时候，诸葛亮的母亲章氏因病去世。

章氏是个知书达理、聪明贤惠的母亲，她不但支持长子诸葛瑾到京师洛阳去游学深造，学习儒家经典，还教诸葛亮认字，对他进行启蒙教育。

母亲章氏经常给诸葛亮讲经史、传记，讲兵法、医学，传授给他琴技、棋艺，使诸葛亮博学多才。

特别是她讲的历代名人自强不息、发愤攻读、建功立业、造福于

民的故事，更像磁石一样吸引了诸葛亮的心，鼓舞他不断上进，立志在茫茫大千世界中干出一番惊天动地的事业来。

母亲的去世，使诸葛亮感到失去了一位世界上最亲爱、最慈祥的启蒙老师。

哥哥诸葛瑾也中断了游学生涯回乡为母亲守孝。

失去母爱是不幸的，但诸葛亮感到比自己更不幸的是弟弟诸葛均。

他那幼小的年纪，正是需要母亲爱抚的时候。

诸葛亮顿时觉得自己长大了许多，他觉得应该以自己的兄长之爱，去减轻弟弟失去母爱的苦痛。

不久以后，为了照顾家庭，抚育孤弱，诸葛珪又续弦娶妻，把孩子们的继母领进了家门。

新来的继母很爱孩子，诸葛亮兄弟们对继母也很尊敬。

母亲的去世，虽使诸葛亮失去了启蒙老师，但诸葛瑾的还乡，又使诸葛亮有了可以请教学问的兄长。

然而，好景不长。诸葛亮 8 岁那年，父亲诸葛珪又因病去世。

与艰苦生活斗争

封建时代，父亲是一家之长，家中的顶梁柱。顶梁柱的崩折，给这个家带来了很大的变化。长子诸葛瑾已经 15 岁，承担起奉养继母的义务，8 岁的诸葛亮、年幼的弟弟诸葛均以及尚未出嫁的两个姐姐全部由叔父诸葛玄抚养。

叔父那年 40 多岁，是个胸富韬略、文武兼备的难得人才。年轻时，也和山阳高平人刘表同拜名士王畅为师，熟读儒家经典，通晓治邦之术。又拜名师学习武功，精通演兵布阵，般般武艺娴熟。

后来，刘表进京去找王畅谋求官职，叔叔因看到父亲在泰安任上政务繁忙，自己家生活困难，毅然舍去做官的机会，回到阳都，挑起了家庭生活的重担。

诸葛玄还和南山雁一道，教习本族青年学文习武，保卫家园，使贼寇闻风丧胆，不敢贸然来犯。

眼下世道艰难，五兄妹成为拖累，叔叔要照顾老的小的，身上的担子自然很重。

从那以后，叔叔和婶婶对他们嘘寒问暖，百般照顾，使众兄妹渐渐从失去亲人的痛苦中解脱出来，恢复了往日的天真与快乐。

一年秋季，因为干旱，导致了许多人家收成不好，穷困潦倒。有些因为粮食被盗贼抢了的农户，整个秋冬都是在吃糠咽菜，饥一顿饱一顿地艰难度日。

诸葛亮家在过去还有一些积蓄，在村寨中也算是富裕人家。但是因为土地歉收，也少了舅舅的接济，又因为父母的先后去世花费了许多的钱，家中的生活也逐渐拮据起来。

这年夏季，阴雨连绵，庄稼收成不好，第二年又遭受了水灾，第三年是蝗虫，加上各级官吏如狼似虎地敲诈百姓，巧取豪夺。更有一些贪婪之徒肆意侵占，公开抢劫。搞得阳都民不聊生，饿殍遍野。

从父亲去世到如今，已有四个年头了。而此时风雨飘摇的汉朝也发生了很多变故。

汉灵帝死后，先是何皇后的儿子少帝执政，后是和诸葛亮同岁的汉献帝登基。奸贼董卓，烧杀抢掠，无恶不作，被十几路诸侯合兵讨伐，揭开了军阀混战的序幕。

阳都县的百姓，又跟着遭了大殃。今天是兵灾，明天是匪患，刀光剑影，烽火连天，百姓们日夜忧心忡忡，惶恐不安。

离孙家黄瞳十几公里的青山堡，被土匪头子张修占领。张修凶狠残暴，是个杀人不眨眼的魔王，他经常派人四处抢掠，搞得一方百姓不得安宁。

张修几次前来攻村寨，由于诸葛玄和南山雁的武功高强、指挥有方，使匪徒们没有捞到便宜。拉锯战的结果，双方都损耗了很大实力。

但是，村寨里面缺少防御的箭支，多日的战斗使得村里人们的生活更加穷困艰难。

诸葛亮也在这连年战争，艰难困苦当中逐步地成长了起来。

终于有一次，在诸葛亮的建议下，诸葛玄以及南山雁带领村寨的精壮人员将张修一伙匪盗击退，并且处死了张修。

而在此时，诸葛亮家也陷入了入不敷出、缺衣少食的境况当中了。家中值钱的东西，也都渐渐地变卖充作家用，侍女和仆人们也大都遣散回家。

少时曾到京师游学，潜心于《诗经》、《尚书》、《左氏春秋》研究的哥哥诸葛瑾，又娶了陆家庄陆员外的爱女陆秀英为妻。为操办婚事，不得不向外借了一笔债，一时间很难还上。

旱灾、水灾、蝗灾、荒灾、兵火、匪火，这些令人担惊受怕的灾难，压得人几乎喘不过气来，苦难的生活逼着诸葛亮全家人去寻找新的出路。

最后，经过商议，诸葛玄决定按照当年诸葛珪的嘱咐，去投靠南阳袁术。

游学拜师

学习必须静下心来，才干必须学习才能增长。不学习就难肩广博的才干，没有志向就不能成就学业。

—— 诸葛亮

随叔父四处漂泊

袁术是司空袁逢正室夫人王氏所生的儿子。袁家四世三公，门生故吏遍天下，在军阀、百姓中有一定的影响力和号召力。

袁术向以有侠胆义气而著称，在朝中曾任过折冲校尉和虎贲中郎将，他因反对和害怕董卓，而出奔南阳。后被任命为后将军，驻军鲁阳。

盟军讨伐董卓，袁术趁到南阳催运军粮时，会同长沙太守孙坚，杀死南阳太守张咨，趁机占领了地大物博的南阳郡。南阳离阳都不算太远，半月时间就能到达。诸葛珪和袁术有一定私交，投靠袁术，也许能得到一块立足之地。

诸葛玄说服了诸葛瑾夫妇，留下来看管家产。诸葛玄只带着诸葛亮等族内20几个年轻人投靠袁术。

一路之上风餐露宿，吃尽了苦头。过了谯县和汝南等地终于进到了荆州南阳郡境内。

南阳宛城处在"绵三山临带群湖，枕伏牛而蹬江汉"的南阳盆地中。

放眼望去，清水从层峦叠嶂中弯弯曲曲地流淌出来，过了闻名全国盛产玉石的序山，在盆窑之南绕了一个大弯，南北水势变成了东西倾泻。

东汉开国皇帝光武帝刘秀的故乡就在南阳，加之他手下的部将大都出自这里，后汉以来这里成了个繁华的大都市，王侯宅第相望，商铺林立，其他郡邑不敢比。单就宛城的城墙，比起泰安城和汝南城来看，就显得雄伟高大。

用秦砖条石垒成的城墙，逶迤周长18公里。城的四周，护城河急流汹涌。

城墙下密布鹿角和刺网，形成了外围屏障。高大的城墙上，箭眼密布，岗哨林立，旌旗飞舞，甲杖生辉，给人一种震慑感。

由于政局混乱，南阳这些年也是战乱纷起，烽火不息。

第二天，诸葛玄去见了袁术。

袁术见诸葛玄有大将之才，任命诸葛玄为参将，领精兵三千余人，奔赴叶县平山。

诸葛亮全家人又在兵士的护送下，随着叔叔诸葛玄来到了平山。

平山地处叶县的北方，境北横卧着一座大山，构成了南阳郡和颍川郡的天然分界线。山势平坦，连绵数十公里长。虽然不算险峻，但全山遍野葱郁的松柏林立，显得异常葳蕤。加上灌木丛生，沟壑纵横，唯一的狭窄通道连接着北方，阻山滞河，四塞易守，是个屯兵的好去处。

诸葛玄在要道口安下营寨。精通军务的他撤兵在军营周围加固栅栏，架起铁藜墙，开挖了几公里长的暗道，修筑了几十座碉堡，使防御力最大为增强。

诸葛玄严明军纪，令行禁止。手下两名将官因抢掠了当地百姓财物，他知道后即将其斩首示众，既教育了三军将士，又得到了百姓拥护。

襄城守将武国保，骁勇善战，带领 5000 余人马来攻打平山，诸葛玄采用了诸葛亮的计策，诱敌于荒山野岭之中，分兵围而歼之。武国保身负重伤逃回，5000 余军卒仅剩下了 400 多人，从此再也不敢侵犯平山。

在平山的山麓下的华里村，即今平顶山卫东区诸葛街一带，诸葛亮和家人就在这里住了一段时日。

在华里村，诸葛亮结识一位学识渊博的老学究，他的名字叫俞正新。

俞正新经常给诸葛亮讲解前朝古代的经世奇谋。什么甘茂妙喻，武王立誓；臣子施惠，君王得利，什么范雎死里逃生，蹇叔百里奚知兵必败；什么苏秦一句话换十座城，蔺相如完璧归赵；田单巧布火牛阵，赵括空谈遭惨败，陈平脱衣救命，李广解鞍退匈奴等。

诸葛亮听得津津有味，脑子里增添了不少智慧和历史知识。俞正

诸葛亮·游学拜师

新去洛阳做官时，还把珍藏的一些书籍赠送给诸葛亮。

诸葛亮在此读书学习，牧羊种菜，度过了难忘的近半年时间。这年，刘表派兵攻打袁术盘踞的宛城，两军发生激战。面对荆州兵的凶猛攻势，在外城未破之前，袁术已经是丧魂失魄，不愿再做抵抗，率军逃往了鲁阳山中，导致了宛城的失陷。而之后，又下令诸葛玄，命他放弃平山，立即率军赶赴陈留作战。

诸葛玄接到命令之后，虽然有将士提出袁术没有远见，去陈留没有什么好的下场，不如反戈投到荆州处，也可以谋得一官半职。

但是诸葛玄认为乘人之危作出不忠不义之事，便如禽兽一般，斥责了一顿下属。

华里村的诸葛亮接到叔父的信之后，当即和家人行动起来。跟随叔父过起了四处飘荡的生活。

在路上他们遇到了兵败的袁术，并且诸葛玄大战曹兵，救回了袁术，被加封为参军，让其参与商量下一步的军事行动。

诸葛玄建议向淮北进发，得到了袁术的赞同。

袁术杀死扬州刺史陈温，占领了寿春城，并得到淮南、淮北的大片土地，袁术自称扬州刺史，兼称徐州伯。

诸葛亮等人披星戴月，迎着风霜，辗转赶到了寿春。

寿春是一个依山傍水的巍峨古城，是当时扬州的首府所在地。坚固的城墙下，淮河蜿蜒如带，沿城汹涌穿过。河中桅杆林立，船影掩映，号子声和喧嚷声此起彼伏热闹异常。

远处群峦叠嶂，连绵不断。山岭四季常青，景色优美宜人。

寿春是通往淮北、淮南的重要门户，是古往今来兵家必争之地。谁得了寿春，周围数十城唾手可得。

向南可控江南，向北威逼徐州。加之这里人烟稠密，土地膏腴，富甲天下，素有"粮仓"之称。袁术得了此地，无疑是如鱼得水似虎添翼。

诸葛玄购买了一处房宅，一家人便在寿春住了下来。

在寿春的这段时间，诸葛亮或拜名师于崇山峻岭之中，或游玩寄情于山水之间或吟诗作赋于名胜景点，或弹琴下棋于亭阁水榭，并结识了阎刚、桥景、杨猛、李别、胡亭等一批少年朋友。

阎刚是袁术手下重要的文臣谋士阎像的儿子，身姿挺拔，傲然玉立，能诗擅画、才艺双绝。

书画在扬州堪称一绝，诸葛亮经常到阎家去，得到了父子俩的指点，书法绘画等技艺进步很快。

桥景是大将桥蕤的公子，此人五短身材，面方嘴阔。善使一对鸳鸯刀，舞动起来如车轮飞转，虎虎生风，神出鬼没。桥景为人豪爽，放荡不羁，言语中常充满桀骜不驯之气。

桥景虽然比诸葛亮年长两岁，其父官高位重，又是袁术的心腹，因从内心佩服诸葛亮的机智多谋、才华出众，所以对其言听计从，俩人遂成为要好的朋友。

不久之后，袁术得到了孙策所献的传国玉玺，欣喜若狂，取代刘氏当皇帝的心情日益迫切。

传国玉玺就是举世闻名的"和氏璧"，秦始皇时，命工匠雕成玉印，由丞相李斯亲题"受命于天，既寿永昌"八字于其上，作为皇权的象征。

后来被高祖刘邦所得，历代相传，传到了少帝手中。何进被杀后，乱军入城，孙坚从洛阳皇宫中得到此宝。

他匆忙携宝南归，结果却招来祸端，在襄阳遭到刘表的伏击，命丧乱箭之下。

孙坚之子孙策投奔袁术后，武艺高强，骁勇善战，加上美姿颜面、生性阔达，桥蕤、张勋都很敬重他。连袁术也常叹说"使术有子如孙郎，死复何恨"，可他害怕孙策羽毛早丰，不服他管，嘴上说得好听，迟迟不与重用。

为开拓疆业，孙策在谋士的策划下，把传国玉玺献给了袁术。袁术得宝欣喜若狂，派孙策带领孙坚的旧部去帮助吴景即孙策的舅舅进攻横江。

孙策只带了千余人，马数十匹，渡江攻关，所向披靡，在曲阿打败了朝廷任命的扬州刺史刘繇，很快占据了江东。

孙策离开寿春后，袁术再次召集众人商议称帝之事。几个忠烈之

士婉言提出劝谏，遭到了袁术的斥骂。

大臣阎像也极力劝谏，被袁术砍了头。其子阎刚在诸葛玄和诸葛亮的帮助下星夜逃往江东避难。

看到正气沉沦、忠良涂炭，诸葛叔侄们不禁心中惨然。

袁术在寿春的时间一长，为政混乱，性情更加奢侈。他喜爱蓄养歌童舞伎，整天沉醉于花天酒地中，使跟随他的文武官员越来越寒心。

诸葛玄手下有个将官，其妻冰肌玉体，容貌出众，不知什么时候被袁术发现了，他派人闯入家中，把该女抢走，企图霸占为妾。该女不从，在洞房花烛夜头撞梁柱而死，为此惹恼了袁术，把其夫活活打死，尸体高悬在城墙上示众。

面对袁术的残暴行为，想到军心的愤慨、浮动，诸葛玄和诸葛亮等人商议后，觉得不能在袁术眼皮下做官，当谋求外任，以免遭受不测之祸。

于是，诸葛玄派人上下打点。桥蕤、张勋、杨大匠、纪灵等人得了好处，都为诸葛玄求情说好话。

袁术对诸葛玄的印象本来不错，恰逢豫章郡太守因地方骚乱无力驾驭而请求回寿春任职。

这个太守是袁术的亲信，拍马溜须，袁术当然喜欢这样的人留在身边，诸葛玄外任之事很快就定了下来。

汉献帝兴平二年的初春时节，诸葛亮跟随叔父诸葛玄前往豫章郡任职。

豫章自古为江南的一座军事重镇。它城墙高大，壕沟宽阔，依山傍水，气势险峻，原先人烟稠密，但最近不断遭到流匪的侵袭、骚乱，周围还盘踞着多股寇匪，整个城池显得破败不堪。加上东有刘繇、孙策虎视眈眈，西有黄祖、刘表急于夺取，豫章城可谓是腹背受敌，岌岌可危。

进入豫章后，交接很顺利。前任太守刮足了民脂民膏，急欲回到寿春，中午举行了宴会，当天就离开了豫章。

留给诸葛玄的却是一个个烂摊子。但是，府库粮少银缺，兵弱城破，饥民流窜，问题成堆。

诸葛玄先派人带兵击溃了豫章外围的六七股流贼，才使局势稍微稳定了下来。

东汉末年，豫章一带的经济比较落后，人民颠沛流离，土地大半荒芜，偏远地方甚至虎狼出没、野草丛生。诸葛玄一边分给土地，引进良种，请人传授先进的生产技术，并轻徭薄赋，使百姓得以休养生息。一边提倡节俭，反对奢侈。他自己衣着车马极其简朴，还和诸葛亮兄弟在郡衙内挖地种菜，挑水施肥，女眷们也都纺线织布，全家过得很是清苦。

但是，正当诸葛亮叔侄严明法典、扶正祛邪，广施恩惠，豫章的形式明显好转的时候，却被一些狡诈之徒告黑状。不仅控告诸葛玄滥杀无辜、招兵谋反，还说他泄露了豫章的防务机密。

生性多疑的袁术又恼又恨，开始对诸葛玄反感了起来。并且还派使者或是书信多次对诸葛玄训斥、恫吓。使得诸葛玄倍感冤枉和失望。

时隔不久，侍御史刘繇手下能征善战的大将朱皓攻打豫章。

侍御史刘繇是已故兖州刺史刘岱的弟弟，一向声望很高，被朝廷下诏任命为扬州刺使。

扬州的治所设在寿春，已被袁术占领，刘繇成了空头刺史，只好另做打算，率兵进攻江南各郡，企图抢夺立足之地。谁知在糟江，受到了吴景和孙策的抵抗。

孙策领兵过江后，得到了丹阳太守周尚及侄子周瑜的支持，先在糟江，打败了刘繇的部将樊能、张英。又在曲阿击败了刘繇的主力部队。

刘繇逃到丹徒，受孙策的声威震动，刘繇又想从丹徒逃往会稽郡，谋士许劭劝阻他先攻取豫章。刘繇听从了许劭的劝阻，他任命心腹大将朱皓为豫章郡太守，带兵3万余人攻打豫章。屯兵彭泽后，又派从秣陵投靠自己的管融去援助朱皓。刘繇本人则率兵去抢占豫章的外围城镇。

朱皓的前锋部队已逼近城北沙岭，被诸葛子青部队挡住。而尾随

其后的管融却率兵向城南青云谱方向集结，对豫章形成了夹攻之势。

　　朱皓是刘繇手下一名能征善战的大将，此人身高九尺，黑红脸膛，眉如利剑。跨骑宝马花斑豹，手提开山大斧，有万夫难挡之勇。

　　在沙岭和诸葛子青交锋了几阵，因诸葛子青神出鬼没，加之豫章兵拼命防守，朱皓也没有占到多少便宜。但由于朱皓人马众多，使诸葛子青在防守时感到吃力。

　　最后，由于叛敌的军官泄露机密，使得豫章的防守形势急转直下。沙岭失守，诸葛子青也身受重伤。

　　虽然最后豫章的百姓同仇敌忾，积极参与了御敌当中，但是在坚守19天之后，豫章北门被朱皓率兵攻破。在一片刀光火海之中，诸葛子青护着诸葛玄、诸葛亮等家人冲出了西门。

襄阳栖身上学堂

汉献帝兴平二年，诸葛亮兄弟姊妹一行从水路到达荆州的首府襄阳。碧绿的汉水，在船舷边激起欢腾浪花，笑迎着远道而来的一叶小舟。青青岘岭，敞开宽广胸怀，拥抱着风尘仆仆的他乡游子。

数年来，辗转流离的诸葛亮，见到的多是刀光剑影、饿殍流民，听到多是杀声呐喊、呻吟叹息。进入荆州，他仿佛置身另一个世界。

荆州治所襄阳被称为"水陆之冲"，跨连荆豫，控扼南北，自古以来，为天下重地。

这里南北东西水陆交通极为便利，陆路由襄阳往北，经新野、南阳，可至京都洛阳。这是一条贯通南北的主要通道。

从水路来说，发源于陕西汉中地区的沔水，流经襄阳、樊城，成为陕、鄂间的主要交通动脉。由襄阳沿沔水南下可达夏口，沿长江东下可直达扬州，溯长江西上可通梁、益两州。

这里没有连年不断的兵燹，没有你争我夺的攻伐，没有断壁残垣的墟邑，没有尸横遍野的惨状。平和，安宁，富庶，这是诸葛亮进入荆州所留下的第一印象。

襄阳城更是热闹非凡，这里店铺酒楼，鳞次栉比；绫罗绸缎，耀眼夺目；花草果品，香飘遐迩。这里商铺都是生意兴隆，客商云集。

这不由让诸葛亮想起了自己的家乡。那里也曾有过像这里一样的宁静。然而，残酷的战乱使得他们一家不得不分散流离。

如今，远在家乡的哥哥和继母不知怎样了？这几年的流离辗转，看到了许多血和泪，许多拼和杀，许多在死亡线上挣扎的生命。

诸葛亮对荆州的感受无疑是美好的，他对荆州的热爱之情油然而生。此时的荆州，正值它历史上一个极度辉煌的时期。

汉灵帝中平五年，在黄巾起义军的打击下，东汉政权已无力对全国进行有效的控制。

当时，任荆州刺史的是一个名叫王睿的人。这个王睿虽身为一州的行政长官，但与下属孙坚、曹寅的关系很紧张，又无政治才能，这决定了王睿不可能在荆州刺史任上坐得很久。

汉献帝初平元年，一场酝酿许久的兵变终于在荆州发生了。武陵太守曹寅听说王睿要杀掉自己，便先下手为强。以朝廷按行使者的名义写了一个列举王睿罪状的檄文，送到长沙太守孙坚手里，要求孙坚接到檄文后收斩王睿。

这正好给孙坚诛除王睿提供了一个绝好机会。孙坚接到檄文后，立即带兵杀奔州治，表面上却装作兵士劳苦，以求"赏资"为名。

当王睿发现孙坚也在求赏兵众时，立即觉得事情不妙，他惊奇地问："众兵士前来求赏，孙府君为何也在其中？"

孙坚答："我奉使者檄书前来诛君。"王睿知道自己再无生存的可能，便饮金而死。

接替王睿任荆州刺史的，是在荆州的刘表。

刘表，字景升，是汉朝皇室后裔。东汉末期，他与士人一起纵横谈论，成为党人领袖之一。党锢之祸起，刘表终日东躲西藏，逃避了朝廷的缉拿。直到党锢之禁解除后，他才敢抛头露面，被大将军何进提拔为属官。

刘表初到荆州时，这里并不十分安定。当时，袁术已占领南阳，屯兵鲁阳县。扼守荆州、豫州交通要道的鲁阳关，就在鲁阳的西南。袁术屯兵鲁阳，无异于扼住了荆、豫间的咽喉。在荆州内部，长沙太守苏代、华容长各自"拥兵作乱"。更为严重的是，州内的一些宗族首领也纷纷聚族起事，不服州郡治理。

与曹操、孙权、刘备等人相比，刘表没有他们以天下为己任的雄才大略，但他安定、治理一方，在当时却是成就斐然。他单人匹马进入宜城县，立即请荆州蒯良、蒯越、蔡瑁等人商议大事。

众人看刘表态度诚恳，言行谦恭，愿意为其效劳。蒯越向其献了剿抚并用、兵集众附、南据江陵、北守襄阳的计策。

刘表照计而行，他设下"鸿门宴"，以官职为诱饵，把为乱四方的盗贼和义军头子骗到宜城，酒宴期间，刘表摔杯为号，蔡瑁率领数百名壮士冲进客厅，把众头领全都杀死。把他们的部众收编。接着又派蒯越、庞季两人前往襄阳，劝说占据那里的张虎、陈生投降。

不久，刘表将州治从汉寿迁到襄阳。各地闻刘表威名，纷纷归附，江南四郡很快安定。至此，长沙、零陵、桂阳、江夏、武陵、南郡、章陵等郡基本平定。

初平二年，袁术果然派孙坚进击荆州。刘表派部将黄祖迎战，双方在樊城、邓县一带展开战斗。孙坚击败黄祖，进围襄阳。刘表又派黄祖夜袭孙坚，再次被孙坚打败。黄祖败走岘山，孙坚乘胜追击。

夜色中，埋伏在竹林中的黄祖士兵用箭射杀孙坚，结果黄祖军转败为胜。自从这次战斗以后，袁术领教了荆州的厉害，不敢对荆州轻举妄动。荆州的北部得到了巩固。

荆州形势基本稳定之后，刘表便实行一系列所谓仁义之举，以获荆州的进一步稳定。

东汉时，就豪强势力而言，襄阳仍是仅次于汉开国皇帝刘秀家乡的地方。东汉末年，襄阳地区较著名的豪族有庞、黄、蔡、蒯、马、习、杨等多家，刘表任荆州刺史后，便积极与当地的大族名人结好。

蒯氏兄弟帮助刘表立足荆州。此外，他还与蔡家联姻，娶蔡瑁之姊蔡氏为妻。襄阳人庞德公是当地的大名士，一直隐居于岘山之南，刘表亲自前去拜请。

汉献帝建安三年，长沙太守张羡率零陵、桂阳三郡反叛刘表，而煽动这次反叛的一个重要人物就是长沙人桓阶。桓阶的父亲桓胜，桓氏在当地也是名族。刘表在坚决镇压了张羡的反叛后，对桓阶却显得格外宽容。他不但征召桓阶为从事祭酒，还要把妻妹蔡氏嫁给他，与他结成连襟。

自从初平元年任荆州刺史以后，经过短短七八年的努力，刘表统治下的荆州地区的强盛与安定，有利于经济的发展。这时的荆州，已成为一个安定、富庶的地区。

在汉献帝兴平元年，卫将军董承回洛阳整修被董卓焚坏的宫室，准备迎献帝返京。当时朝廷经济凋敝，财力俱缺，太仆赵岐便对董承说："今海内分崩，唯有荆州境广地胜，西通巴蜀，南当交址，年谷

独登，兵人差全。岐虽迫大命，犹志报国家，欲自乘牛车，南说刘表，可使其身自将兵来卫朝廷，与将军并心同力，共襄王室。此安上救人之策也。"

董承立即派遣赵岐前往荆州。赵岐见到刘表，传达朝廷旨意，刘表立即派兵到洛阳助修宫室，"军资委输，前后不绝"。

从赵岐对荆州的评述，以及刘表在助修宫室中的表现，可以看到荆州的富足。

如果把荆州比作一个车轮的轴心，四川、甘肃、陕西、山西、河南、河北、山东等地就都有人在向这个轴心辐辏。

人们涌向荆州，无非有三个目的。第一是避乱求生，第二是暂栖此地以求将来的发展，第三是求得文化方面的学习与进取。荆州地区的富庶与安宁毫无疑问能满足人们前两项需要，而荆州地区良好的教育和学术气氛，又为第三种需要提供了优良的环境。

荆州地区有当时最繁荣兴盛的教育，这首先要得益于荆州刺史刘表的提倡。

作为一州的最高首领，刘表在荆州基本安定之后，能广开学校，亲自主持仪式，奖励学者，整理古籍，这无疑会大大地促进教育和文化的发展。

当时中国北方军阀混战，烽火连天，安定富庶的荆州对于欲避战乱之人具有磁石吸铁般的力量。仅关中地区，遭遇荒乱的百姓流入荆州者便有十万余家，其他地区的流民进入荆州者当也不在少数。

在大批流民当中，有很多是当世的知名士人和学者。史载"关西、兖、豫学士归者盖有千数，士之避乱荆州者，皆海内之俊杰也"。

刘表"起立学校，博求儒术"，对依附的士人"安慰赈赡，皆得资全"。刘表任荆州刺史期间，前来荆州客居的知名士人和学者不计其数，这里略举数例，以窥其大概。除大力提倡教育外，刘表还任用了一大批知名学者主持文化教育工作。

南阳人宋忠，是当时有名的古文经学家，其名气与郑玄不相上下，刘表任命他为五业从事。零陵人刘先，"博学强识，尤好黄老言，明习汉家典故"，被刘表任用为别驾。

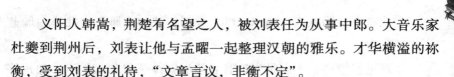

义阳人韩嵩，荆楚有名望之人，被刘表任为从事中郎。大音乐家杜夔到荆州后，刘表让他与孟曜一起整理汉朝的雅乐。才华横溢的祢衡，受到刘表的礼待，"文章言议，非衡不定"。

刘表大力提倡文化教育以及重视文士儒者的做法，使得荆州的文化教育事业得到了远远超出其他地区的发展。

除官立学校之外，荆州的私学也很兴盛，司马徽、庞德公、杨虑、颖容等人都是当时有名的私学开办者。

王粲对刘表在政治上的作为并不是很满意的，然而他在谈到荆州的文化教育时却充满了赞美之情，说刘表重视文化教育，这充分反映了荆州地区文化教育事业的兴盛。

诸葛亮到达荆州的时间，正是这里政治、经济、文化教育等方面逐步复兴的时候。

诸葛亮在荆州居住 10 多年，正是这里社会安宁、经济富庶、文教发展的黄金时期。社会安宁，为他提供了读书、思考的优良环境；经济富庶，为他提供了充足的衣食之源；文教发展，为他提供了接触各类名人掌握各种信息，以及提高文化素质的良好条件。

可以说，富庶、安宁、文教发展的荆州，乃是这位千秋名相成长的摇篮。

襄阳城南约二公里的地方，有一所"学业堂"。每天，人们都能在这里听到琅琅的读书声，都能看到莘莘学子研习探讨的情景。这是一所刘表倡办的官学，来此就读者，或者是鸿生大儒，或者是州郡官吏的子弟。

诸葛亮来到襄阳不久之后，就来到这里读书习字。这所学堂不是什么人都可以进入，诸葛亮来此学习，是他叔叔诸葛玄苦心安排的。

诸葛玄跟刘表是同窗好友，但是诸葛玄曾经是袁术的旧吏，刘表非常地憎恨袁术、孙坚，所以并没有给诸葛玄封官，而给诸葛亮一家购了一座宅子居住。

诸葛玄一家在襄阳城西安家后，由于得到刘表的接济，日子过得也很好。诸葛玄利用闲暇时间，或和诸葛子青等练武比剑，或是访贤拜友，结交朋友。并且将诸葛亮和诸葛均送到了学业堂里面上学。

学业堂在襄阳城南，沔水之畔，绿树掩映的山脚下，几排白墙蓝瓦式的房舍。

在这里就学的，大多是当地有名望的官绅子弟和从关西、豫州等地避难来的有志青年。其中有刘表前妻所生的儿子刘琦、襄阳人庞统、马良以及崔州平、孟公成、徐庶等人也在此读过书。

学堂里的教师，有教养和水平很高的学者、俊杰，也有的是荆州颇有名望的人物。如司马徽、黄承彦、宋忠、綦母闿、颍容等，论学问可谓是满腹经纶，在国内屈指可数。

除了他们之外，还有第一流的书法家梁鹄，前宫廷雅乐郎、音乐家杜夔、儒学大师邯郸淳、隐禧等。

安定即今甘肃镇原东南人梁鹄是当时著名的书法家，师承于灵帝时的师宜官。师宜官的书法堪称当世之冠，梁鹄在书法上卓有成就，"魏宫殿题署，皆鹄书也"。

河内温县即今河南温县西南人司马芝。司马芝是曹魏名臣，以忠贞刚正著称。他在任职于曹魏政权以前，在荆州居住十多年。

京兆即今陕西西安西北人隗禧，自幼好学，是三国时期曹魏政权中的著名学者，与同时人董遇、贾洪、邯郸淳、薛夏、苏林、乐详等人并称儒宗。

颍川即今河南禹县人徐庶、石广元，两人到荆州后，与诸葛亮关系一直很密切。

徐庶先为刘备谋士，后入魏为御史中丞。石广元后仕魏历任郡太守、典农校尉。

京兆人杜畿是汉朝御史大夫杜延年的后代。他在未客居荆州前，曾任过县令、府丞，政绩颇佳。后来，在曹魏任河东即今山西夏县西北太守，治绩"常为天下最"。

山阳高平即今山东微山西北人王粲，是三国曹魏著名的"建安七子"之一，他在文学上的成就不仅著称于当时，在我国文学史上也有一定的地位。

颍川人邯郸淳在当时也以文学著称，史称他"博学有才章，又善《苍》、《雅》虫、篆、《许氏》、《字指》"，是一位学问广博之人。

汝南西平即今河南西平西人和洽，在汉末不受征辟，避乱入荆州。

后来，和洽仕曹魏，先后任丞相掾属、侍中、光禄勋，历曹操、曹丕、曹睿三世，为曹魏重臣。

颍川人杜袭出身颍川名族，他的曾祖杜安，自幼出名，13岁入太学，号为神童。杜袭的祖父即大名鼎鼎的党人领袖杜根。杜袭后来仕曹魏，曾与和洽、王粲共任侍中，深受曹操重视。

颍川人繁钦、赵俨，二人与杜袭同郡，在荆州时与杜袭"通财同计，合为一家"。后来，赵俨仕曹魏，与同郡人辛毗、陈群、杜袭并知名朝廷，号曰"辛、陈、杜、赵"。

河东闻喜即今山西闻喜人裴潜家"世为著姓"，其父裴茂，灵帝时历任县令、郡守、尚书。裴潜在荆州时就被善于知人的傅巽所称道，后果为曹魏中书令，名德俱显。

平原般县即今山东乐陵西南人祢衡，少有辩才，精通音乐，长于辞赋，但为人"尚气刚傲，好矫时慢物"。他在兴平年间到荆州避难，往来于刘表与曹操之间。

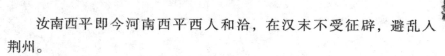

珍惜时光勤读书

能够有个安定的学习环境，能够认识渊博精深的学者，对诸葛亮的学问提高是难能可贵的条件。

他知道这一切与叔父的努力有关，他从心里感激叔父。他更知道如何才能报答叔父，这就是在这些条件下不断地努力学习。他拼命地吸吮着知识的乳汁，像个如饥似渴的孩子。

在众多的师长当中，诸葛亮最为钦佩的就是司马徽和黄承彦两位老人。

司马徽字德操，是颍川阳翟人。建安元年，庞德公派他18岁的侄子庞统前往颍川阳翟去见司马徽。

经过一番交谈，司马徽叹道："德公诚知人，实盛德也。"便随同庞统来到荆州襄阳城东居住下来。

司马徽善于鉴别人物，但他知道刘表心胸狭隘，所以藏锋匿芒，处处谨慎。当有人问他某某人怎样时，司马徽不论其高下，总是回答一个好字。

后来，他的夫人实在看不下去了，便对他说："别人有疑前来请教，君应帮其分辨。而你总是用一个好字对付，岂不是辜负了请教者的诚意？"

司马徽并不直接回答，只是说："你的这一番话，也可用一个好字概括。"

这位颍川来的名士，很有名士风度。别人丢了一只猪，前来他家妄认，司马徽当即把猪给他。

后来，妄认者找到了自己的猪，前来认错还猪，司马徽还对他厚词相谢。

司马徽好养蚕，有一次蚕快吐丝时，有人前来向他借蚕吐丝用的蔟箔，司马徽便把自己的蚕丢掉，将蔟箔借给他。

别人对司马徽的行为不理解，便问他："一般人牺牲自己帮助别人，是在别人急需而自己有余力的情况下才这样做。而现在你和别人都急需，你为什么还如此呢？"

司马徽说："别人轻易不求我，现在来求我却不答应，会使他难堪。为什么要因小利而使人难堪呢？"

司马徽的所作所为，让人感到他是一个只知读书不谙世事的书生。刘表听说司马徽是个奇士，见到后却大失所望，说："世间人为妄语，此直小书生耳。"

其实，司马徽的谨慎与怪异，有很大成分是出于应付刘表和了解新环境，而对于熟人和老朋友，司马徽则显得格外的大方亲密。

司马徽也并非像刘表所说是个"小书生"，而是一个大学者。庞德公对司马徽的认识与刘表绝然不同，他送司马徽一个雅号"水镜先生"，夸他学问渊博，有知人之鉴。事实上确是如此。

据说庞统第一次去颍川见司马徽时，正遇上他身背箩筐，准备去采桑。

庞统想试试司马徽的学问，便从车中探出头来，问道："来者可是司马先生？"

"正是。"司马徽答道。

庞统说："我有一个问题想向先生请教。我听说丈夫处世，当带金佩紫，怎能够屈洪流之量，却干些织妇之事？"

司马徽见问，知道对方也不是凡庸之辈，便说："你先从车上下来。"

等庞统下车之后，司马徽便开始给他上课："你只知道小路近捷，却不想会有迷路的危险。想当初伯成耦耕，不慕诸侯之荣；原宪桑枢，不易有官之宅。何有坐则华屋，行则肥马，侍女数十，然后为奇？此乃许、父所以慷慨，夷、齐所以长叹，虽有窃秦之爵，千驷之富，不足贵也。"

司马徽这番话，不但阐明了自己关于富贵的观点，而且句句都有历史典故。他说的伯成，是尧舜时的伯成子高，后来禹坐天下，他便辞官回家种田。

他说的原宪，是春秋时宋人，孔子的弟子。此人生活十分贫困，但始终学而不辍。他说的许、父、夷、齐，即许由、巢父、伯夷、叔齐，都是古代不求富贵的隐士。

他说的"窃秦之爵"，指的是吕不韦。此人曾利用手中的财富，帮助秦太子子楚回国登位，被封官赐爵。

他说的"千驷之富"，指的是春秋时的齐景公，据说他有马千匹，但无使民称颂的德政。

庞统听了司马徽这番话，对他的学问和见识都佩服得五体投地，说道："我生在边野之地，少见大义之人。如果今天不来叩洪钟、擂响鼓，便不能领教其声音的洪亮。"

说完，便步行随司马徽来到郊外采桑，二人一个在树上采，一个在树下装，边采边谈，一直聊到深夜。

司马徽不但有学问，而且还是荆州地区古文经学的领袖人物。司马徽到荆州以后和刘表身边的宋忠一起授经讲学。

宋忠是当时与古文经学大师郑玄齐名的学者，他与郑玄虽同是古文经学的宗师，但两人的治学方法和特点又有所差异。宋忠和司马徽教出的学生李仁、尹默、王肃等都"依准贾、马，异于郑玄"。

这就反映了宋忠、司马徽的学问与郑玄确有区别，这种区别大致体现在两个方面。第一，宋忠、司马徽的学问简约，而郑玄的学问深芜。总的说来，东汉时的古文经学要比今文经学简约得多，正因为如此，郑玄的古文经学在东汉末期占了上风。

但郑玄学通今古各经，他的古文经学中吸取了一些今文经的内容及观点。

而宋忠等所撰写的《五经章句》，在当时被称为"后定"之学，鲜受今文经学影响，因而与郑玄是不同的。

在南北朝时，宋忠、司马徽的学生王肃所注的《周易》在南方流行，郑玄注的《周易》在北方流行。

司马徽治学简约、学以致用的学风，对诸葛亮是有深刻影响的。历史记载诸葛亮读书，不是"务于精熟"，而是"独观其大略"。

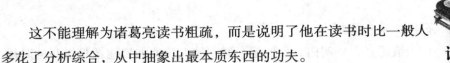

这不能理解为诸葛亮读书粗疏，而是说明了他在读书时比一般人多花了分析综合，从中抽象出最本质东西的功夫。

这种提纲挈领、化繁为简的本事，正是诸葛亮把治学简约的学风用于读书的最好说明。诸葛亮读书注重领会精神实质，正是出于思考、解决现实问题的需要，因为只有最普遍、最抽象的道理，对理解现实具体问题才有理论的指导意义。

诸葛亮的《论诸子》，很能体现他学以致用的现实主义风格，其中写道：

> 老子长于养性，不可以临危难。商鞅长于理法，不可以从教化。苏、张长于驰辞，不可以结盟誓。白起长于攻取，不可以广众。子胥长于图敌，不可以谋身。尾生长于守信，不可以应变。王嘉长于遇明君，不可以事暗主。许子将长于明臧否，不可以养人物。此任长之术者也。

这里，诸葛亮对各家理论与经验的评判，完全是以其在现实生活中的作用来分其短长的。

在当时，诸葛亮学习刻苦，勤于用脑，不但司马徽赏识，连司马徽的妻子对他也很器重，都喜欢这个勤奋好学，善于用脑子的少年。

那时，还没有钟表，计时用日晷，遇到阴雨天没有太阳。时间就不好掌握了。为了计时，司马徽训练公鸡按时鸣叫，办法就是定时喂食。诸葛亮天资聪颖，司马先生讲的东西，他一听便会。

为了学到更多的东西，诸葛亮想让先生把讲课的时间延长一些，但先生总是以鸡鸣叫为准。于是诸葛亮想若把公鸡鸣叫的时间延长，先生讲课的时间也就延长了。于是，诸葛亮上学时就带些粮食装在口袋里，估计鸡快叫的时候，就喂它一点粮食，鸡一吃饱就不叫了。

过了一些时候，司马先生感到奇怪，为什么鸡不按时叫了呢？经过细心观察，发现诸葛亮在鸡快叫时给鸡喂食。

司马先生在上课时，就问学生，鸡为什么不按时叫呢？其他学生都摸不着头脑。

诸葛亮心里明白，可他是个诚实的人，就如实地把鸡快叫的时候喂食来延长老师授课时间的事，如实报告了司马先生。

司马先生很生气，当场就把他的书烧了，不让他继续读书了。

诸葛亮求学心切，不能读书怎么得了，可又不能硬来，便去求司马夫人。司马夫人听了诸葛亮喂鸡求学遭罚之事深表同情，就向司马先生说情。

司马先生说："小小年纪不在功课上用功夫，倒使心术欺蒙老师。这是心术不正，此人不可造就。"

司马夫人反复替诸葛亮说情，说他小小年纪，虽使了点心眼，但总是为了多学点东西，并没有他图。司马先生听后觉得有理，便同意诸葛亮继续读书。

诸葛亮敬重的另外一个老师黄承彦，则是襄阳名士蔡讽的长女婿。黄承彦是沔南白水人，是东汉末年的名士。他与荆州牧刘表是连襟，与庞德公、司马徽是志同道合的挚友。他经常听到庞德公、司马徽讲诸葛亮人小志大、机敏聪颖、才华出众、举世无双，是很有作为的少年，便想找个机会考考诸葛亮的才智。

有一天，黄承彦在湖北襄阳城外，扮成一个算命先生，摆了个小小的卦摊，给路人算命看相。古襄阳城南门外，是诸葛亮少年上学、放学必经之地。

那天，诸葛亮路经小卦摊时，见许多人围着一个老者看卦。老者口若悬河，侃侃而谈，听者凝神屏息，全神贯注。诸葛亮很奇怪，走近一看，原来是一个算命先生正在天南地北、海阔天空地调侃。

黄承彦见诸葛亮走来，便要给他算一卦。

诸葛亮说："好！不过我有点小事，出去一下，马上就来请您老算一卦。"诸葛亮背着书包，忙来到城墙附近的一小荷塘，顺手捉了一只小青蛙，跑来对黄承彦说："老先生，请您给我算一算，我手中捏的这只小青蛙，是死的，还是活的？"

黄承彦闻言大吃一惊，继而又一喜。围观者均不知其中奥秘。黄承彦暗暗想到，此人小小年纪，已掌生死之权，果真了不起。我若说小青蛙是活的，他手一捏，小青蛙便会死掉；我若说小青蛙是死的，他手一松，小青蛙就会蹦跳到地上。黄承彦手拈胡须，思考片刻，提笔写了四个字给诸葛亮，然后挑起卦摊走了。

诸葛亮见老先生笑嘻嘻走后，便打开纸条一看，上面四个字是"生死由你"。

后来，黄承彦接受了诸葛亮这个学生，和庞德公、司马徽共同传教于他。

黄承彦和刘表有很近的关系，可他为人刚直，不愿攀龙附凤，多次拒绝刘表封的高官厚禄，甘愿清贫度日，在学业堂里教书育人。

诸葛亮踏进了设在襄阳城南两公里，岘山脚下的学业堂。他望着这个依山傍水、绿树成荫、环境幽雅的学堂，认定是个十分适宜读书的好地方，便暗暗下定决心，要成为学堂里最出类拔萃的学生。

寒窗苦读的生活开始了。每天清晨，雄鸡报晓后，诸葛亮便叫醒弟弟诸葛均，一同到岘山上去学习。这很快被细心的老师黄承彦知道了，便号召学生们向诸葛亮兄弟俩学习，并把晨读作为学业堂的一项制度规定下来。从此，学风为之一新，人们每天老远就能听到从岘山顶上传来的琅琅的读书声。

诸葛亮读书的方法很特殊，不像一般的学生那样死记硬背，而是观其大略，记其精粹，有过目不忘的能力。如要吟诗作赋，命题一出，诸葛亮便能即席而起，信口而出，并且文简意明，高雅隽永，字字句句都能表明他是一个文思敏捷、才华横溢的少年。

更使黄承彦惊异的是，这个平日沉默寡言、喜怒从不外露的诸葛亮，竟不顾刘表独尊儒术的三令五申，在夜深人静之时，如饥似渴地攻读诸子百家的著作。

　　黄承彦非常喜欢诸葛亮的俊逸轩昂、聪慧敏悟。除在课堂里传授儒家的经典著作外，还经常把诸葛亮唤到自己屋里，向其讲解三皇五帝乃至历代王朝的兴衰更替历史，讲述前朝古代政治家、军事家、思想家、科学家们惊天动地、光照千秋的英雄业绩，启发诸葛亮树立宏大的抱负和锲而不舍的进取精神，立志为国家、为黎民作出一番事业。

　　在老师们的关怀指导下，年轻的诸葛亮废寝忘食，刻苦地攻读诗书经文，学习治国之策。

　　珍惜韶华之年，多学各种知识，这是诸葛亮立下的规定。

读书陇耕隐隆中

建安二年正月，料峭的寒风阵阵袭来，令人有刺骨之感。

然而，使诸葛亮更加心寒悲伤的是叔父诸葛玄的去世。

从 8 岁至 17 岁期间里，叔父与诸葛亮在家庭关系上是叔侄，在感情世界里却是父子。

庞德公、司马徽、庞统等人听到了这件事，纷纷来安慰诸葛亮。师友们的劝慰，使诸葛亮渐渐从悲痛中解脱出来。此时的诸葛亮毕竟不是只知道悲痛的 8 岁孩子，而是一个有学识、有阅历、有思想的 17 岁的青年了。

怎样安排今后的日子呢？家乡是不能回去了。诸葛亮不愿意回到家乡，不仅是因为家乡依然战乱不已，也不仅是两个姐姐在荆州已有婆家，还有一个更重要的原因，就是为了叔叔的夙愿。

他知道叔叔希望自己学有所成，将来有所作为。而荆州地区环境安宁，消息灵通，交通便利，教育发达，人才济济，显然比战乱纷飞的家乡更适合于学习和发展。

诸葛玄死后，刘表在岘山下为他立了衣冠冢，一面安抚诸葛亮一家，一面表示愿意把诸葛亮留在身边做事。诸葛亮当即回绝了他，使刘表大为恼火。

不寄刘表篱下，学业堂自然也就上不成了。他曾打算带着弟弟回山东老家去，不料他的一批朋友却竭力劝阻和挽留，经过一番考虑，诸葛亮打消了回山东的念头，决定远离这喧嚣的城市。

到什么地方去呢？诸葛亮来请伯父庞德公指路。庞德公认为刘表虽然不可依，但荆州这块地方尚可保持十年之内的安宁，倒是求学炼志者的一个难得的地方。

在襄阳城西二十多公里的地方有一个小山村。这里山峦起伏，山谷幽深。众山峦之中，最高的主峰恰好居中，因此称之为隆中山。

山村也因山得名，称为隆中。隆中山起伏盘旋，势若蟠龙。另一座大旗山与之隔谷相望，它一头高昂，一头缓缓下垂，像只卧虎。这里林木茂密，修竹叠翠，泉水潺潺，池塘清澈，是修身养性、静心读书的好地方。

在当时，隆中虽属南阳邓县管辖，但它远离战乱纷扰的南阳郡治，靠近安定富庶的襄阳。

庞德公是襄阳地区德高望重的名士。他多次拒绝刘表让他出来当官的邀请，认为在乱世当中确保自身与子孙安全的方法不是出仕，而是退隐。这种思想对诸葛亮产生了一定的影响。

诸葛亮的一个姐姐就嫁给了庞德公的儿子庞山民。诸葛亮曾决心拜伯父为师，做一个有志气的男子汉。

庞德公听了诸葛亮的心愿，没有说行或不行，只是把儿子叫到跟前："民儿，带你内弟到南山打柴去吧！"说罢，便转身入室。

庞山民拿着扁担、斧头，站在诸葛亮面前也不说话，只是用眼睛盯住他，好像在说："你看怎么办呢？小兄弟。"

诸葛亮高高兴兴地跟着姐夫到南山上砍柴去了。

这一天，可把诸葛亮苦透了，累渴饿，他咬着牙顶过来，而且手脚都磨出了血泡，痛得他几夜都不得安宁，但他却始终没哼一声。

不久，诸葛亮第二次来向庞德公表白求师的心愿。庞德公叫来侄儿庞统，指着门前的一块地对他和诸葛亮说："清明前后，种瓜种豆，你兄弟两人今天代老夫把这块地犁出来吧！"说罢，搬把椅子坐到门外晒太阳去了。

庞统和诸葛亮谁都不会套牛，更别说扶犁了。两人一合计干脆用镢头刨！于是，本来一会儿就能犁完的地，他俩却整整刨了一天，累得不行。

这次，诸葛亮从劳动中悟出了为什么满腹经纶的伯父总是躬耕陇亩、注重农桑的道理。

诸葛亮再一次拜见庞德公时，发现他合衣躺在床上，鞋都没脱。他怕惊动了他，先是恭恭敬敬地站在一边，后来想到上了岁数的人这样睡觉容易着凉，于是上前轻轻地给庞德公盖上被子，又单腿跪在床

边慢慢为他脱掉鞋子。

这回庞德公醒来了，看到诸葛亮不由心头一热，满意地微微点了点头，不等诸葛亮开口就带他来到平时从不让人进的后院。庞德公在一个周围堆满了秦砖的巨大磨石前停下来，然后拿起一块砖，认真地在磨石上磨了起来。

诸葛亮开始感到莫名其妙，过了一阵发现不远处有一个非常大的案子，上面整整齐齐地排放着已经磨好的秦砖。他走过去一看，每块砖上都编了号。

当他拿起"壹"号砖观看时，奇迹出现了，只见上面刻着两个苍劲有力的汉隶大字"诗经"。诸葛亮的心中惊诧，急忙跪在庞德公面前说道："师傅请教我！"

庞德公这才语重心长地点头道："要做我的学生，就得先学会做人，做人和做学问一样，是磨炼出来的。"

在庞德公如数家珍的教诲下，诸葛亮开始潜心研究历史，纵观上下几千年的兴衰，探索改朝换代的根源、定国安邦的重大问题。

如今，诸葛亮听了庞德公躬耕南阳的建议，便在好友们的资助下，带领全家来到了当时还是荒山野岭的隆中定居，结草为庐，开山为田，开始了他躬耕陇亩、博览群书、游学访友的生活。

由于身不离田间，勤四体，务五谷，诸葛亮很快学会了耕田、种植、压桑、选种等技术。日晒雨淋，他的脸色由白皙变成了黑红，加之身穿的是束裳布衣，脚蹬的是线棘麻鞋，他完全成了个农家子弟，被朋友们称作"布衣诸葛亮"。

收获的季节到了，田野里散发出了迷人的气息，田地里的高粱红、棉花白、谷子黄、豆角绿，呈现出丰收的景象。

诸葛亮和家人忙前跑后，忙着收割、挑运庄稼，脚被高粱秸秆扎流血了，肩膀被扁担压得青红，诸葛亮全然不顾。晚上全身疼得翻来覆去地睡不着觉，但想到即将到手的劳动果实，他从内心里感到高兴。

这天一早，太阳还没出来，诸葛亮兄弟二人已把麦子放倒了一大片。当火辣辣的太阳冒出来时，诸葛均已是满身大汗。

这时，一个老农夫挑着一担斗笠从躬耕的田边经过，好奇地望着这两个年轻人，忍不住叫道："割麦的小哥，开镰也不看天气，今天哪能割麦呀！"

诸葛亮听老农夫这么一嚷，抬起头看了看天，然后不解地问道："老伯，这天气不是很好吗？"

老农一听，把这哥俩好生打量了一番，这才说："今天就是不能割！"

兄弟俩相互看了看，问道："为什么？"

老农夫拍了拍脑袋："看样子你们是读书人。但是农家都知道今天不能割麦，我也说不出为什么，反正这是农家的规定。今天有雨，信不信由你。"

诸葛亮望望霞光万道的天空，有些迷惑不解，心想这位老伯可是想雨想迷了心窍，大白天说梦话。

老农夫见诸葛亮兄弟并不理会自己的忠告，干脆把斗笠担子一放，找个石头坐下来，冲着诸葛亮说："老汉我今天就坐在这看你们的好戏，看看你们是不是不听老人言，吃亏在眼前！"

诸葛亮哈哈地笑了起来，转身继续割麦。老农夫见状，反而坐不住了，走进躬耕田，动手帮他们将割倒的麦子捆起来。就在地里的麦子快割完时，山里突然起了风。

老汉忙跑到诸葛亮身边，焦急地说道："小伙计，起风了，快跟我把捆好的麦子搬到高处去堆起来！"说罢，抱起捆好的麦子就往高处跑。

诸葛亮看着老农夫那紧张的样子又好气又好笑。

这时风紧了，刹时，乌云滚滚而来，一道闪电划过，雷声四起，接着瓢泼大雨倾空而下。诸葛亮还没反应过来，大雨已把他淋了个透。

不一会儿，山洪冲了下来，把诸葛亮兄弟二人割倒而老农夫还没来得及捆绑的麦子冲了个一干二净。

诸葛亮目瞪口呆地站在田里，羞愧得无地自容。他想起了孔子关于"吾不如老农""三人行必有我师"的教导。这才恍然大悟，忙来到老农夫面前，长揖施礼道："请老伯教我！"

老农夫叹口气道："这只不过是我们这里传下来的千年农谚中的一句，'早上放霞，等水浇茶'，是说一定有大雨。'晚上放霞，干死蛤蟆'，就必定是百灵百验断定明天是好天气的方法。"

诸葛亮听罢惊异地说："没想到农谚还有这么大的学问！老伯，弟子就拜您为师了！"

从此，诸葛亮便经常向这位老农夫求教学习，老农夫还经常把他带到懂得农谚更多的农夫那里学习。

不久诸葛亮就记了一大本农谚，这又逐渐打开了他研究天文地理的通路。这些知识，在诸葛亮日后的赤壁大战中的"借东风"，以及"草船借箭"等，都起到了重要的作用。

隆中不仅有清秀的山水，而且有适于耕种的良田。清幽的环境，给诸葛亮一个轻松宁谧的心境，他除了平时参加田间的耕作外，大部分时间都用在学习上。

读书自然是一种学习，伴着草屋稻草的幽香，伴着跳动闪耀的烛火，诸葛亮常常苦读至深夜。

向同辈朋友学习，是诸葛亮获得知识、增进学业的又一途径。诸葛亮在荆州有许多同学好友，最著名者有博陵人崔州平，颍川人徐庶、石韬，汝南人孟建，襄阳人庞统、马良等。崔州平是官宦子弟。庞统是襄阳名人。

马良也以才学显名乡里，是马氏兄弟五人中才学最高者。因其眉间有白毛，所以乡里有一首谚语说："马氏五常，白眉最良。"

孟建、石韬、徐庶都曾与诸葛亮游学于荆州。

特别是徐庶，出身贫寒，少好任侠击剑，曾因为人报仇而被捉受辱，此后便决心弃绝刀戟，折节学问，终于"听习经业，义理精熟"，后来在荆州一见到刘备，便受到刘备的器重。

可见诸葛亮的朋友，都是些学有所成、才华出众的青年。诸葛亮隆中隐居时，仍和他们经常来往，一起交流思想，切磋学问，取长补短，共同提高。

向书本学习，向师友学习，向社会学习，诸葛亮以极大的努力通过各种途径汲取着一切可能学到的知识。

然而，诸葛亮并不想做一个学富五车的学者，不想当皓首穷经的儒生，他有更加远大的志向和人生目标。

在隆中的几年，是年轻的诸葛亮超群智慧的积累期，也是他静观天下之变而在思想上逐渐成熟起来的时期。

在幽静的环境中，他日日下田亲种，余暇则于草屋中掩门读书，抱膝长吟，毫无拘束、自然淳朴的山林生活倒也使他悠然自得，乐得与这田园野趣朝夕相随。

时而有朋友来了，则相聚茅舍，纵论天下，恰似一条卧龙要腾空而去；时而兴致来了，则盘足抚琴，让琴声带着情思随那山风林涛飘向远方。

对于春秋时期的大军事家孙武的名著《孙子兵法》，诸葛亮已经潜心研究不知多少遍了。它言简意赅，汇集了一切军事战争的战略战术。自从好友徐庶给他送来曹操新注的《孙子兵法》后，诸葛亮认识到大千世界的确是天外有天，人外有人，自己不过是一只井底之蛙。

夜深了，诸葛亮手上拿着兵书苦思冥想。案上摆着几天前他和徐庶下的一盘棋，这是一个双方都无法将对方将死的残局，他一有空就反复琢磨、分析。兵书迷住了诸葛亮，他可以倒背如流。之后他又开始推演阵法。

诸葛亮曾将自己批注的《孙子兵法》和绘制的阵图呈给庞德公看。

庞德公说："兵不在多而在精。对于兵法，一个人学精了就可以教成十个人；十个人学了就可以教成百人，百人教千人，千人教万人。这样的军队就一定比那

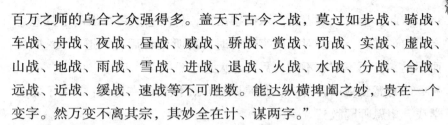

百万之师的乌合之众强得多。盖天下古今之战，莫过如步战、骑战、车战、舟战、夜战、昼战、威战、骄战、赏战、罚战、实战、虚战、山战、地战、雨战、雪战、进战、退战、火战、水战、分战、合战、远战、近战、缓战、速战等不可胜数。能达纵横捭阖之妙，贵在一个变字。然万变不离其宗，其妙全在计、谋两字。"

诸葛亮虚心地求问，他的求知精神终于使庞德公将自己花了半生时间研究兵法的成果，从八卦到八阵的推演的八阵图本交给了诸葛亮，他希望诸葛亮能够据此推演出完善的八阵图本。他甚至没有将自己的成果传给亲生的儿子，这令诸葛亮万分感动，决心不负庞德公的巨大希望。

一日，庞德公、黄承彦、司马徽三老聚会，谈到了汝南灵山的酆公玖，此人曾预言，百年之内，必是兵家此起彼落的时代。他们打算请酆公玖助诸葛亮一臂之力。

诸葛亮一路风尘赶到了汝南灵山。酆公玖年事已高，正在闭目养神，对诸葛亮道："老夫这里是道家清静之地，一向不收学生，你如愿在灵山打柴挑水度日，尚可温饱无忧，要求学问，还是到别处去吧！不要误了锦绣前程。"

诸葛亮一下落到进退两难的地步。

这时酆公玖又说话了："灵山虽小，倒也清静安定，不似尘世纷纷攘攘。打柴挑水虽说劳筋动骨，却可健身强体。考虑好了吗！卧龙先生？"

听到此言，诸葛亮不由倒吸了一口凉气。老先生说出"卧龙先生"四个字，分量可不轻。诸葛亮想老先生一定是想先观察自己忙磕头道："谢老前辈收留。"

自此，诸葛亮早起在灵山砍柴挑水，打扫山门，晚睡在小室中温故知新，日月交迭，半年过去了。酆公玖对诸葛亮从来不管不问，视而不见。

一天，诸葛亮打柴归来，见山门右边墙上写了一个斗大的"火"字，他没有在意。待他挑水回来，山门左边墙上又出现了一个斗大的"水"字，这下引起了他的注意。

从此，他每天对着火、水两字出神，想把它们写在山门上的意思弄明白。这天，他正对着两字琢磨时，忽听到背后有人道："这叫视而不见，见而不闻、不问，兵家之大忌也！"

诸葛亮猛地回转身来，见是酆公玖，忙拜倒在地说："弟子才疏学浅，望恩师赐教！"

酆公玖哈哈大笑道："老夫被你的诚意与恒心打动，有意助你水、火二阵融于八阵图中。起来吧！从今日起就不要再打柴、挑水了，咱们抓紧时间做学问。"

说罢，双手扶起了诸葛亮。

酆公玖对诸葛亮说："水与火，每日常见之物，却不为人们所思。水火无情，且不相容。你若把无情而又为人们视而不见的水与火融于八阵图中，水可淹七军，火可烧万马千军。八阵添水、火即成绝阵，那便无敌于天下。"

酆公玖非常赏识诸葛亮，将自己一生所著《三才秘录》、《兵法阵图》、《孤虚相旺》、《大战奇观》等都赠与诸葛亮。

诸葛亮接到《三才秘录》、《兵法阵图》、《孤虚相旺》等书后对这些书仔细研读，细心揣摩，终于心领神会，融会贯通了。可以说，诸葛亮后来在各类战争中深不可测的谋略，在很大程度上来源于他早年的这段阅历。

不久，诸葛亮便将水、火二阵发展到出神入化的地步。他一生用火阵打了许多漂亮仗，如火烧博望、火烧新野、火烧战船、火烧藤甲兵。难怪后人赞诸葛亮一生皆是火。

情投意合娶阿丑

诸葛亮娶黄氏丑女为妻之事，既见之于史籍所载，又为民间所广泛流传。但是，却很少有人探讨他娶丑女为妻的原因。

诸葛亮娶黄承彦之丑女"黄阿丑"为妻的故事，正史《三国志·诸葛亮传》未载，见于裴松之注引《襄阳记》。

大意是沔南名士黄承彦对诸葛亮说："闻君择妇，家有丑女，黄头黑色，而才堪相配，足下以为如何？"

诸葛亮一听，喜出望外，当即答应，随即就用车子去沔南把阿丑姑娘接了回来。

像诸葛亮那样已被当地名士们公认为才貌双全的青年，竟选择一个丑女为妻，大大超出人们的意料，因而不少人为此替诸葛亮感到惋惜，更有好事者编成谚语来加以嘲笑，谓"诸葛亮择妇，正得阿承丑女"。

黄承彦也曾有过两个儿子，都只长到几岁便夭折了。自从有了女儿，黄承彦夫妇真是提心吊胆，生怕再有不幸。他们按照襄阳的风俗，给女儿起了个卑贱的名字叫"阿丑"，希望她能因此长得健壮结实。

阿丑姑娘倒真是无病无灾，而且从小就口齿伶俐，聪明过人，几岁上即能"咿咿呀呀"地把《诗经》从头至尾背下来，乐得黄承彦老两口把她视为掌上明珠。不久，黄夫人去世，黄老先生就把女儿看得更重要了。

阿丑像她父亲一样，一通百通，成了一个知识渊博、满腹经纶、才高八斗、气质非凡的女子。只是阿丑长大后，性格变得有点怪，身材长得矮小短粗，加上皮肤黑、头发黄，又一点不留心梳妆打扮，所以，都快20岁的人了，还没有订亲。

阿丑说什么一辈子不嫁，要嫁也给天下的女子做个榜样，非要争

他个"女才郎貌"不可！把襄阳城搞得满城风雨。

诸葛亮为什么要选择黄承彦之丑女为妻？

在一贯以"郎才女貌""英雄美女""才子佳人"为传统楷模的中国封建社会里，人们对诸葛亮选择丑女为妻的原因，或是避而不谈，或是有意掩饰。特别是随着诸葛亮被逐步地神化，有意掩饰的说法更多了起来。

诸葛亮在隆中"隐居"时，是不甘寂寞的。他关心天下大事，预测可能出现的变化，又常以管仲、乐毅自比，渴望以救天下为己任，建立一番功业。但他也十分清楚，在当时的条件下，要实现他的理想，是十分困难的。

刘秀的东汉政权建立以来，豪强地主力量迅速扩张，他们世代把持中央和地方的重要官职。虽然封建王朝自秦汉以来就一直有所谓的"察举征辟制度"，但由于军阀割据和战乱，早已未能实行。

客观事实即是由士族垄断了官位，非世家大族、名门大姓之子弟，是很难踏入仕途的。在一个专讲出身、门第、等级的时代，诸葛亮虽有才能，又怎能入仕去实现理想呢？

诸葛亮出身门第不高，父亲诸葛珪不过当过泰山郡的郡丞，况又早逝，不可能给诸葛亮有所帮助。他随叔父远离故乡山东到湖北襄阳居住，叔父又不幸去世。

在隆中，诸葛亮可谓人地生疏。他虽然依靠自己的才能获得了当地名士们的称赞，但与他们的关系还不稳固。利用婚姻与当地联姻是最简便易行的改变这种状况的方式。

《襄阳记》对此记载得很清楚："黄承彦者，高爽开列，为西南名士。"

《三国志集解》引《襄阳耆旧传》进一步补充说："汉末诸蔡最盛，蔡讽姊适太尉张温，长女为黄承彦妻，小女为刘景升，即刘表后妇，谓之姊也。"

可知，黄承彦本人是"沔南名士"，又和当地的最高行政负责人荆州牧刘表以及荆州最大家族蔡氏都有十分密切的姻亲关系。

庞德公周围团聚了不少有才干的人，经常在一起切磋学问，评论

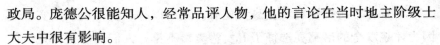

政局。庞德公很能知人，经常品评人物，他的言论在当时地主阶级士大夫中很有影响。

诸葛亮对庞德公非常敬重，经常登门求教，而且每次都是"独拜床下"，"跪履益恭"，很是谦虚和虔诚。

庞德公也没有把诸葛亮当成外人，经常借书给他看，并加以指教。他对诸葛亮的为人、才能和抱负逐渐有所了解，觉得他进取心很强，将来必能干出一番事业来。

正是因为庞德公对诸葛亮非常器重并寄予很大希望，所以他称诸葛亮为"卧龙"。"卧龙"是对"隐居"俊杰的比喻。一条蛰伏在大泽里的卧龙，一待气候合适，就会升入云霄，施展其非凡的本领。这种雅号的品定和传播，使诸葛亮的名声越来越大了。

庞德公是很有政治眼光的。他议论政事，揭示时弊，都很中肯，在诸葛亮的成长过程中他所起的作用是不能低估的。

清朝的阮函在《答鹿门与隆中孰优说》中曾评论说："隆中之所以为隆中，鹿门有以成之也。"

诸葛亮住在隆中，庞德公以后隐居襄阳城东鹿门山，因此称诸葛亮为隆中，称庞德公为鹿门。

与这样的人攀上亲戚，尽管黄氏女可能丑了一些，但对要入仕以实现理想和抱负的诸葛亮来说，实在是一个明智的选择。

黄氏虽丑，但才能非凡。诸葛亮得此贤内助，不仅在当时对他的学业甚有补益，而且在他一生的事业上，也起了一定的作用。

范成大《桂海虞衡志》就载有一个故事。说有一次，客人来家，诸葛亮嘱妻子磨面做食款待，不一会儿就做好端了出来。

诸葛亮甚感惊异哪能这么快呢？于是，他悄悄去后面窥看，"见数木人析麦，运磨如飞"。诸葛亮当即讨教，"求传是术"。

20年后诸葛亮用来转运军粮的木牛流马，就是"变其制"而做成的。但是，这毕竟是传说。要说黄氏能使"数木人析麦，运磨如飞"，当然是不可相信的。

而且在诸葛亮一生的事业中，要说黄氏对他有很大的帮助，也只能是假设、猜想而已。

如果有，历史资料不会毫无记载。之所以有这些传说，其实都是因为才貌双全的诸葛亮选择了丑女为妻，不符合人们对已被神化了的诸葛亮的崇敬心理，为之惋惜而编造出来的故事。

据说有一天，诸葛亮在蒙山脚下锄地拔草。休息的时候，心里琢磨昨晚学习的八卦阵。

诸葛亮心想："那八卦阵奥妙无穷，有朝一日领兵打仗，必定能派上用场！"

于是诸葛亮就在地下演习起来。他先用树枝画好阵盘，又用石子布起阵法，嘴里念着八卦阵的歌诀儿："休、生、伤、杜、景、死、惊、开"等。

用来当作阵法各门的石子都摆好了，就是那开门的子儿不知摆在啥地方，急得他抓耳挠腮，心里一个劲地责怪自己："诸葛亮呀，诸葛亮！你这兵法咋学得这么窝囊？要是这样去指挥作战，千军万马也会毁于一旦！"

忽然，"吧嗒"一声，头上掉下个桑树枝来，不偏不倚正好落在阵盘上，沉思中的诸葛亮被吓了一跳。他抬头观看时，从树顶上"腾"地跳下一个大闺女。

只见她生得黑面黄发，虽说五官还算端正，可丑得让人怎么看怎么都不舒服。那丑女子倒挺大方，笑盈盈地看着诸葛亮："大哥哥，什么事把您愁成这样？我能不能帮您的忙？"

诸葛亮把脸一歪，生气地说道："不要多嘴论短长。男儿自有男儿志，山村野女难猜量！"

那丑女子听了微微一笑，也随口道："不要下眼把人量。好汉还得众人帮，逞强只有犯愁肠！"

诸葛亮一惊，心中暗想："这丫头的嘴真利落！可以和这种又丑又野的妮子磨牙。"于是他缓和了气氛说，"您虽然伶牙俐齿，不甘人下，但我这个忙，不是您能帮得了的。"

丑女子笑道："恐怕现在只有我才能帮您呢！"

诸葛亮压下去的火又上来了："您不要自命不凡，我是在研习兵法战术，布阵打仗呢！你懂吗？"

丑女子冷冷一笑:"我看你学到的那点兵法战术只不过是皮毛而已。"

诸葛亮听了火冒三丈,涨红着脸喊道:"我饱读兵书,熟知兵法,你却鄙视我,你有能耐,先说说地上布的是什么阵?"

丑女子仰着头答道:"我看什么阵都不是,不像骡子也不像是马!"

诸葛亮哈哈大笑说:"连阵法都不懂,还要口出狂言帮我的忙,快回家喂你的蚕去吧!"

丑女子也不示弱,回敬道:"我看你呀!快回家关上门读上三年兵书再到这里布阵吧!连八卦阵都摆不全,还自逞高强呢!"

诸葛亮心里"咯噔"一下,心想:"真是人不可貌相,海水不可斗量。她竟然知道什么是八卦阵,看来还不能小看。"想到这里便和气地问道:"请问这八卦阵缺了何处?"

那女子扳着指头说:"八卦阵是休、生、伤、杜、景、死、惊、开。心中无开,阵法不全,战场如此,到头来只有担惊,受创了。"

一席话说得诸葛亮大惊失色,急忙拱手说道:"大姐说得不差。请教大姐,这开门摆在什么地方呀?"

丑女子抿嘴一笑:"那不早帮你摆好啦!"

诸葛亮低头一看,刚才掉下来的那个桑树枝正好和那七块石子一起布成了完整的八卦阵。

诸葛亮惭愧得无地自容,赶忙施礼:"大姐才气不凡,确确实实称得上是我的师傅。我方才多有冒犯,还望大姐多多包涵。"

丑女子急忙还礼道:"小哥哥过奖了,我实在算不上什么高才,又怎么敢妄称您的师傅呢?我也不过是学了点皮毛。"

诸葛亮听了,一本正经地说:"这点皮毛我也得再学好几年,希望大姐多多指教。"就这样,俩人越来越熟悉,越来越亲密了。

这个女子就是阿丑,她父亲就是诸葛亮的老师黄承彦。

阿丑和诸葛亮从那次相识后,俩人就经常在那棵桑树下一块攻读兵法,研究学问。而黄承彦也一直很喜欢诸葛亮,他巴不得把浑身的解数全传授给他,诸葛亮如鱼得水,学习得更起劲了。

诸葛亮经常回家以后,茶不思,饭不想,一天到晚光叹气。嫂子问他发生了什么事,他也不说。这样一来,嫂子可着急了。因为诸葛

亮哥哥临去东吴做官时，再三嘱咐要照顾好弟弟、妹妹。如果诸葛亮有个三长两短该怎么办呢？

嫂子思前想后，忽然心生一念，男孩子大了，是不是想成家了。于是她把诸葛亮叫到面前说道："我今天算猜中你的心事了。不用愁，不用急，我这就托人给你说亲去。"

诸葛亮一听，还以为她知道了他和阿丑的事，于是红着脸说："嫂子操心也没有用，你知道人家愿意不愿意？"

嫂子把手一拍说："凭你的相貌、人品、学识，谁家的姑娘会不愿意。"

自从诸葛玄把大侄儿诸葛瑾的夫人接到荆州照料诸葛亮、诸葛均两个小兄弟后，诸葛瑾夫人便一直担当着"长嫂似母"的重任。

如今，诸葛亮都二十好几的人了，整天却只知道做学问、读圣贤书、吟诗作赋摇头晃脑，谈起兵法战阵没完没了，田间耕作也能身体力行，会朋访友、谈古论今可达忘我之境，一切都好，就是从来不想自己的婚姻大事，让嫂子伤透了脑筋。

她知道二弟是个有远大抱负的人，在婚姻问题上不是挑，而是要找一个志同道合的知己。他求才不求貌，正是为了要干一番轰轰烈烈的大事业。可这事也不能总耽搁呀！他的那位贤内助知音到哪去找呢？

一听说诸葛亮要娶亲，四州八县，十里八村，大家小户都跑来和他攀亲戚。谁知说了一个又一个，不管闺女容貌有多俊，家有多富，诸葛亮都不答应。

这样一来，嫂子又着急了："好弟弟，这么多闺女你都看不中，你到底是想寻月亮里的嫦娥，还是想做玉皇大帝的女婿？"

诸葛亮回答："男儿娶妻，一为的是成家过日子，二为的是建功立业有个好内助。至于容貌丑俊，都是小事。"

嫂子很为难："娶个会过日子的媳妇倒不难，找个建功立业的好内助可不容易！不过，不管怎么样，嫂子要给你娶个称心如意的媳妇，你放宽心好了。"

而阿丑一天到晚不是坐着呆呆地发愣，就是找个角落暗自垂泪，父亲反复询问和劝说也无济于事。阿丑是父亲的心头肉，虽然相貌不漂亮，但品德、学问可是千里挑一。看着闺女这副模样，黄承彦急得团团转。

有一天，他忽然想到，男大当婚，女大当嫁。阿丑到了该找婆家的年龄了。我就这么一个宝贝闺女，必须找个好女婿，否则，一则对不起早逝的妻子，二则可惜了女儿的德行与学问。

他看阿丑的脾性、志向和诸葛亮差不多，可容貌诸葛亮能看中吗？不过，听说成千上万的人家都想选他做女婿，他就是不答应，也许他有不平常的打算？

黄承彦把自己的想法告诉了阿丑，阿丑虽然没说什么，但眼中露出了笑意，脸上的愁容也消失了。

第二天一大早，黄承彦来到诸葛亮家，对他嫂子说："我家有一小女，论容貌万万配不上你家老二，可论品德、才能，不是老夫夸口，她确能配得上你小叔子。今天老夫不拘俗礼，亲自登门为小女求婚，不知夫人意下如何？"

嫂子曾听人说，这老先生的闺女是远近闻名的才女，可也听说，那闺女的容貌够丑的。

凭我小叔子的才和貌，怎么说也不能找她。于是急忙说："老先生的来意我明白了，不过我得与弟弟商量商量，同时还得听听他哥的意见。就请您回去等我们的回音吧！"黄承彦嘱咐了一番，回家去了。

嫂子一问诸葛亮，诸葛亮满口答应。嫂子苦口婆心地说："好兄弟，我不是那种只重外表不重内里的人，可你俩从外表上看也太不般配了，婚姻可是终身大事，你得三思呀！"

诸葛亮红着脸说："嫂子只管同意就是，娶了阿丑，我谢您还来不及呢！"

嫂子了解诸葛亮的脾气，叹了口气说："咱先甭做决定，明天去相相，相中了，给你娶，相不中，咱再找别人。"诸葛亮也只好听从嫂子的安排。

嫂子到了黄承彦家，从头到脚把阿丑打量了一遍。阿丑虽说面发之色不好看，但也不像外人传得那么吓人。再和阿丑攀谈起来，更觉

得这女子知书达理，才气过人，文静贤惠，气度不凡。不由得心中大喜过望。她对黄承彦说："我们两家就准备办喜事吧！"

过了几个月，远近各村的人们听说诸葛亮办喜事了，都跑来祝贺，看热闹。有些人一看他娶的是阿丑，七嘴八舌议论不休，有的说诸葛亮傻，有的说他是一时糊涂，可是诸葛亮却毫不在意。结婚以后，小夫妻互敬互爱，你帮我助，生活十分美满。

诸葛亮成了黄承彦的女婿之后，刘表不仅仅是诸葛亮叔叔的好朋友，还是自己妻子的姨父，关系更进了一步。而在荆州担任重要军事职务的蔡瑁则成了诸葛亮妻子的舅舅。通过这些渠道，身居隆中的诸葛亮能够更迅速地了解时局的发展、朝廷和诸侯等各类人物的政治动向以及当时各政治集团的内幕活动等情报信息。

这些情报信息对于正在密切关注时局、分析时局发展方向的诸葛亮来说是至关重要的。后来诸葛亮拿出的那份著名的策划案《隆中对》，就是他此前对天下形势进行充分的了解和正确分析之后而形成的一整套战略思想。

所以，当刘备来到荆州，吸收部分荆州士族加入时，经当地名士司马徽、徐庶的推荐，诸葛亮也就理所当然地出山，去实现他兴复汉室的凌云壮志了。

后来，诸葛亮和黄夫人告别了充满甜蜜回忆的隆中隐居生活，去辅佐刘备打天下。

从此以后，黄夫人协助丈夫征战不息。火烧赤壁、三气周瑜、五次北伐、七擒孟获、治理蜀汉，同甘苦，共患难，可谓功绩赫赫。到此时，人们才认识到了诸葛亮在婚姻大事上的远见卓识。所以，这对夫妇的爱情故事在民间广为传颂。

初出茅庐

年年随时间流逝，壮志随岁月消磨，于是枝枯叶落，大多不能对社会有所作为。等到悲凉地守着贫穷的小屋时，后悔哪来得及呢？

—— 诸葛亮

识明主徐庶相荐

在江东地区，孙策赶跑扬州刺史刘繇以后，继续向东南发展。他将严白虎、王晟等地方武装逐一消灭，又进一步占领了会稽、吴郡等江东要地。

建安四年，孙策开始向西北拓展势力。首当其冲的是庐江郡，当时任庐江太守的人名叫刘勋。孙策为了削弱刘勋的势力，极力怂恿他攻打上缭。他派人给刘勋送去很多珠宝和细布，并对刘勋说："上缭甚富庶，愿君伐之，请出兵以为援。"

刘勋听了大喜，不顾部属的劝阻，倾巢出动攻伐上缭。孙策一面派堂兄孙贲等屯兵彭泽，以阻断刘勋的归路，一面亲自率兵端了他的老窝。刘勋在回军途中战败后，率残兵北投曹操。

同年十二月，孙策进伐黄祖，在沙羡大破黄祖。紧接着，孙策又带兵征豫章。此时，华歆任豫章太守。

孙策率大兵屯驻在离豫章南昌县数十里远的椒丘，派虞翻前去劝降。当夜，华歆便命人写下降书，第二天一早便派人送去孙策营中。孙策用兵占领豫章。

建安五年夏，孙策再次西击黄祖。此时，原广陵太守陈登乘孙策西征，招诱严白虎余党图谋起事。孙策回军欲进击陈登，兵至丹徒，驻兵待粮。

一次，孙策外出打猎，恰逢被他杀死的吴郡太守许贡的宾客，这个宾客为主人报仇，用暗箭射中孙策面颊。孙策伤势很重，生命垂危，便把谋士张昭等人叫来，对他们说："中国方乱，以吴、越之众，三江之固，足以观成败，公等善相吾弟。"

又把弟弟孙权叫过来，将自己的印绶戴在他的身上，说："举江东之众，决机于两阵之间，与天下争衡，卿不如我；举贤任能，各尽其心以保江东，我不如卿。"孙策的意思很明显，要孙权继承他的事业，在众臣的辅佐下，保住江东。

孙策死后，张昭等率领僚属，拥立孙权上表朝廷，下移属城，使中外将校，各奉其职。不久，周瑜也赶回赴丧，以中护军之职与张昭共掌众事。

在周瑜的推荐下，孙权接见了鲁肃，与之相谈，甚是投机。当众人退去后，孙权把鲁肃单独留下，与他合榻对饮。

鲁肃为孙权在江东建功立业所作的策划分为三步。第一步立足江东，第二步打通长江中上游，全据长江，第三步建号帝王以图天下。第二步需要实力，第三步需要时机，只有第一步是当务之急，且符合哥哥的临终嘱咐。

孙权是个英杰人物，他的即位，意味着孙吴对江东的控制进一步加强和巩固。

在北方，曹操与袁绍两大军事集团正在进行激烈角逐。

袁绍以讨董卓起家，在关东群雄联合讨董时，袁绍被推为盟主。名为盟主，实际上只占渤海一郡，实力并不雄厚。他先用软硬兼施的手段，逼迫冀州刺史韩馥让出冀州，又用武力打败公孙瓒取得幽州，与此同时又派长子袁谭占据青州，任外甥高干为并州刺史。这样，到官渡之战前夕，袁绍已占据了青、冀、幽、并四州。

曹操一开始也参加了讨董联盟，后来，曹操被任命为东郡太守，郡城设在东武阳。青州黄巾军进入兖州，杀死刺史刘岱，济北相鲍信等人迎接曹操任兖州刺史。

曹操据有兖州，又打败并收编了青州黄巾军，势力开始壮大。汉献帝兴平二年，杨奉、董承、韩暹等人迎献帝东归，经过艰苦跋涉，到达河东。

袁绍的谋士沮授建议把献帝接到邺县，但缺乏政治远见的袁绍没有接受这个建议。这无疑给曹操留下了机会。当时曹操正在许县，他听从谋士荀彧的主张，立即派人把汉献帝迎到许县。

从此，曹操不但尽有豫州之地，而且还占有挟天子以令诸侯的政治优势。建安三年，曹操又击杀占领徐州的吕布，从此，徐州也归曹操所有。

袁绍据有青、冀、幽、并四州，曹操据有兖、豫、徐三州。袁术已在建安四年称帝不成呕血而死。这样，黄河中下游地区最有实力的割据者只剩下袁绍和曹操了。一山不容二虎。袁、曹各自势力的发展，使他们都成为想吞掉对方的老虎，一场兼并战争在所难免。

汉献帝建安五年，袁绍、曹操两个军事集团在官渡进行决战。结果，处于劣势的曹操战胜了处于优势的袁绍。官渡之战的胜利，奠定了曹操统一北方的基础。

身居隆中的诸葛亮，没有一天不关注着天下形势的变化。对这些形势的每一个变化，都了如指掌。

诸葛亮对天下形势的了解，首先得益于荆州襄阳优越的地理位置。四通八达的水路交通，使得襄阳成为南来北往人流的交汇所在。当时四面八方的军政情况，必定随着来来往往的过客传到这里。

207 年，诸葛亮 26 岁时，刘备因在中原被逐，也到荆州投刘表而来。

处于乱世之秋的刘备，追溯起来确为"汉中山靖王胜之后"，是"帝室之胄"。论起来刘备还是当今汉献帝的叔字辈，因而有人称他皇叔。但到了刘备这一代，因父亲早逝，只落得靠卖鞋、织席维持生计。他不大爱读书，却喜欢结交社会各类豪侠志士。

早年，刘备因参加镇压黄巾军农民起义有功而走上仕途，但官运不佳。他想在这乱世之中占有一席之地，却苦于无立足之地盘。他先后投靠过公孙瓒、陶谦、曹操、袁绍等，都因各种变故而相继离开了。

当时，曹操手下带领一百多万的兵马，占据了大半个中国，他的野心是想要夺取汉朝的天下自己做皇帝，因此，曹操便使用各种毒辣的手段，杀害了许多忠臣，把他自己手下的人安排在汉朝的朝廷里，监视着汉献帝。

以至于汉献帝对于曹操所说的每一句话，不敢不听。

汉献帝虽然是皇帝，但是，一切事情都是曹操在做主，曹操很想废掉汉献帝，只因为还有好些地方没有打下来，而且还有好些像刘皇叔那样的势力，正在外面训练军队，要和曹操拼个你死我活，力求保全汉献帝的皇位。

所以，曹操还不敢把皇帝废掉，只有尽量派出军队四处征讨，设法把那些反对自己的势力，统统扫平。在曹操想要剪除的势力中，刘皇叔就是其中的一个。

刘皇叔虽然一片痴心，想把奸臣曹操除掉，可是，他自己的力量实在太小；虽然有两个结拜弟兄，一个叫关云长，一个叫张飞，都是打仗杀敌的好手，而且他们三个是桃园结义的好兄弟，但仅靠三个人的力量远远不够。他们手下军队也不够，帮助他的人才又很少，因此，刘皇叔到处寻访有本领的人。

最后，刘备从中原逃到了荆州刘表处，只求有个安身之所。

刘备秉性少言，一般喜怒皆不表现出来，但内心却有自己的执著追求，而且坚贞不渝。投奔刘表后。他仍心系天下，渴望有朝一日东山再起，与天下英雄一争高低。

为此，在襄阳这块相对僻静之地，他开始广交贤士，招纳人才，以为自己日后争夺天下之用。由于诸葛亮在当时襄阳名士中已有很高的名声，且常自比管仲、乐毅，因此他虽隐居隆中，但在人们心目中，其智慧和能力不可限量，一旦这条卧龙腾空而起，天下将要为之改变。

诸葛亮的好友徐庶客居荆州时，荆州牧刘表多次礼聘徐庶出仕。但徐庶观刘表其人，以为此公虽号称皇室宗胄，颇有礼贤下士之名，但骨子里却优柔寡断，知善不能举，知恶不能去，只不过是徒有虚名而已，徐庶坚辞不就。

汉献帝建安六年，在中原地区战败的刘备来投靠刘表，刘表对他心怀疑惧，让他屯兵新野抵挡曹操。徐庶通过观察，发现刘备胸怀大志，才略过人，并能够善待部属，素有人望。

于是，就前往新野拜见刘备。刘备正刻意结交荆襄一带的有识之士，对颇有名气的徐庶前来投靠，喜不自胜。刘备非常器重徐庶的才干和人品，当即把他留在营中并委以重任，让他参与整顿军事，训练士卒。

建安九年，刘备乘曹操出兵河北攻邺城之机，出兵掠地，北至叶

县附近。留守许昌的曹魏大将夏侯惇带于禁、李典等出兵抵御。因刘表拒绝出兵相助，刘备兵弱将少难挡曹军。在这危急关头，徐庶建议放火烧寨，佯装退兵，然后派关羽、张飞、赵云等领兵埋伏以待曹军追兵。

夏侯惇不知其中有诈，不顾李典的劝阻，同于禁率轻骑追击刘备。刘备埋伏的军队同时发起进攻，将曹军团团围困，曹军伤亡惨重。刘备反败为胜，有惊无险，这才从容收兵，返回新野。

镇守樊城的曹洪不服气，摆了个八门金锁阵，带兵前来报仇。谁知徐庶不但轻而易举破了阵，还略施小计，连曹洪的老窝樊城也端了。只这两仗，徐庶的大名就威震曹营了。

汉献帝建安十三年，曹操率大军南征荆州。这时刘表已亡，他的儿子刘琮不战而降。刘备率军民20多万人南撤。在曹军追及到当阳长坂坡时，刘备寡不敌众，大败而逃，辎重全失。

徐庶的母亲也不幸被曹军掳获，并被曹操派人伪造其母书信召其去许都，徐庶得知此讯，痛不欲生，含泪向刘备辞行。

他用手指着自己的胸口说："本打算与将军共图王霸大业，耿耿此心，唯天可表。不幸老母被掳，方寸已乱，即使我留在将军身边也无济于事，请将军允许我辞别，北上侍养老母！"

刘备虽然舍不得让徐庶离开自己，但他知道徐庶是出了名的孝子，不忍看其母子分离，更怕万一徐母被害，自己会落下离人骨肉的罪名，只好同徐庶挥泪而别。

徐庶北上归曹以后，心中仍十分依恋故主刘备和好友诸葛亮。尽管他有出众的谋略和才华，但不愿为曹操出谋划策，与刘备、诸葛亮为敌。

因此，徐庶在曹魏历时数十年，却从未在政治军事上有所作为，几乎湮没无闻。这就是人们常说的"徐庶进曹营，一言不发"。

魏文帝黄初年间，徐庶官至右中郎将，御史中丞。魏明帝太和三年，诸葛亮三出祁山，北伐中原。他听到徐庶归曹入魏后的经历，不禁为自己好友的一生而叹息不已。

徐庶一生，虽然命运多舛，人生道路也坎坷不平，最终没有作出什么惊天动地的大业。但他忠直坦诚、孝敬亲尊、力荐英才的人格品德将永传后世。

刘备对徐庶信服得五体投地，徐庶在临走之时说："我这点本事算不了什么。荆州比我高明的人还多着呢！不说别人，就说这襄阳城西二十多公里处的隆中山，就有一位杰出的人士隐居在那里。"

刘备说："既是名士，比军师如何？"

徐庶说："他平时自比管仲、乐毅，我看他可以比作兴周八百年的姜子牙，旺汉四百载的张子房。"

刘备谦逊地问道："请问军师，这个人到底是谁呀？"

徐庶郑重地回答："他复姓诸葛，名亮，字孔明。"

刘备第一次听到诸葛亮的名字，心中有点不大相信，对徐庶说："那就请军师辛苦一趟，把他请来聚聚怎么样？"

徐庶先是一愣，继而把头使劲地摇着说："这样的人呀！只有主公亲自去请。至于他愿不愿意见面，肯不肯来辅佐主公，那就要看您的诚意如何了。连德高望重的庞德公都尊称他卧龙先生呢！"

刘备恍然大悟："啊！莫非就是司马徽老先生说的那个卧龙凤雏吗？"

徐庶点头道："主公听错了。卧龙、凤雏是两个人，凤雏先生是庞统庞士元兄，卧龙才是诸葛亮。主公若能把他请出来，汉室不愁不兴，江山不愁不得！"

过去刘备在荆州曾拜访过阳翟的"水镜先生"司马徽，传说他有经帮济世之才，但司马徽不愿施展才能为时所用，他缄默固守，甘愿隐居阳翟故里，躬耕度日。徽平时从不讨论别人，如有人向他求问，他也不品评高下，总是说好、好、好。在当时，司马徽也向刘备推荐过诸葛亮。

而如今见徐庶又极力推荐诸葛亮，刘备当即就产生了招募收揽诸葛亮的心思。

三顾茅庐始出山

建安十二年的一天早上，刘备带上他桃园三结义的兄弟关羽和张飞骑马离开新野，往隆中山而来。

刘备转了几个弯子进入隆中山冲后，就听一个农夫在田中唱道："苍天如圆盖，陆地如棋盘。世人黑白分，往来争荣辱。荣者自安安，辱者定碌碌。南阳有隐居，高眠卧不足！"

刘备上前问那农夫，此歌是谁作的，农夫说是卧龙先生。刘备问明地址，便策马来到茅庐。

刘备亲自叩动门环。许久，童子才懒洋洋地来开门。刘备温和地问道："我是刘备，特来拜见你家先生。"

童子道："先生一早就出去了。"

刘备忙问："先生到何处去了？"

童子回答说："行踪不定，不知何处去了。"

刘备问："什么时候回来？"

童子道："归期也不定。"

刘备听这么一说，深感惆怅，想等上一会儿，关羽、张飞则劝他先回去。刘备只得上马下山。

行了几公里路，三人勒马回望隆中景物，真是"山不高而秀雅，水不深而澄清，地不广而平坦，林不大而茂盛"，观之不已。这时，他们忽然看见一个身穿帛布袍、头戴逍遥巾，气宇不凡的人拄杖迎面而来。

刘备心想："看样子一定便是卧龙先生。"便忙上前施礼道："先生可是卧龙先生吗？"

那人问道："将军是谁？"

刘备毕恭毕敬地说："我是刘备，专程从新野来拜见卧龙先生的。"

那人听罢，施礼道："我是卧龙先生的朋友崔州平。"

刘备忙抱拳道："久闻大名，幸得相遇。先生能否席地而坐，我想请教一言。"

崔州平坐下后问道："将军有何事非要见卧龙先生？"

刘备说："如今天下大乱，百姓受苦，我想跟卧龙先生求教治国安邦的大计。"

崔州平一听，哈哈大笑起来："天下大势，分久必合，合久必分，这是天意，人岂有回天之术，谈何容易。"

刘备还想说什么，崔州平起身道："山野村夫，枉谈天下之事。"

刘备忙道："但不知卧龙先生往何处去了？"

崔州平说："我也正想访他，不知往何处去寻。他日再见吧！"说罢，扬长而去。

秋去冬来，天冷了。这时，刘备接到探报，说卧龙先生已回隆中。他忙唤来二弟关羽和三弟张飞，出发再上隆中。

没走多远下起了大雪，天变得冷极了。

张飞使劲搓着手，嚷嚷道："大哥，天寒地冻的，连仗都打不成，还有必要跑这么远去见一个没有用的人吗？不如回新野避避风雪吧！"

刘备耐心地开导张飞说："三弟，我之所以冒这么大的风雪来，正是要让卧龙先生知道我的诚意。"

兄弟三人进了隆中山，听见路旁酒店中有人击桌而歌，刘备以为是卧龙，便下马入店，探知店中唱歌两人原来是卧龙之友石广元和孟公威。刘备于是出来上马，直奔卧龙冈，来到茅庐前。

童子开了门。刘备问："先生今日在庄上吗？"

童子道："正在堂上读书。"

刘备大喜，便跟着童子走了进去。到了中门，只见门上大书一副对联："淡泊以明志，宁静以致远。"

刘备看罢，见堂上一位少年正拥炉抱膝歌吟。刘备待他吟完，才跨进屋去施礼道："备久慕卧龙先生大名，早想与先生相见，只恨没有机会。前时我已拜访过一次，可惜没遇到先生。今日特冒风雪至此，见到先生，真是万分荣幸。"

诸葛亮·初出茅庐

那位少年一见，慌忙答礼道："将军，我是诸葛均，诸葛亮乃是我二家兄。"

刘备便问："那卧龙先生今日在吗？"

诸葛均说："昨天被崔州平不知请到何处去闲游了。将军还是坐坐喝杯茶吧！"

刘备叹口气道："我真是没有福气，两番不遇大贤。"

这时张飞在一旁忍不住道："先生既然又不在，还是请哥哥上马回去吧！"

刘备说要写几句话留给诸葛亮。写罢，交与诸葛均，说他日再来，便拜辞出门。

诸葛均将兄弟三人送出门，忽见前面小桥上一人骑驴而来，刘备以为是卧龙归庐。

诸葛均忙告诉他，这是他家兄的岳父黄承彦老先生。刘备忙上前施礼问道："您老可曾见到令婿？"

黄承彦道："怎么？他不在，我也是来看他的。"

刘备只好辞别，失望地回新野去了。

刘备回到新野后，风转日月，冬去春来。他选择吉日，斋戒三天，熏沐更衣，准备再往隆中拜谒诸葛亮。

关羽这次不悦地说道："哥哥已经两次亲往拜访他，礼过了。我看他是徒有虚名才避而不见。哥哥怎被他迷惑到这种地步？"

刘备不以为然："古时候齐桓公去看一个所谓的小人物，跑了五趟才得见一面。我如今不但没有齐桓公的地位，而且连个立足之地都没有，还摆什么架子呢？我之所以一而再，再而三地拜访他，是因为他是位大贤。"

张飞生气地说："一个山野村夫，算得上什么大贤。这回用不着哥哥亲自出马，待三弟我用一根绳子将他绑来就是。"

刘备生气地训斥张飞，说："这次你别去了，我与云长去。"

两人没办法，只得依了刘备。

三人骑马带领随从来到隆中，离草庐半里之外，正遇上诸葛均。刘备连忙施礼问道："令兄今日在吗？"

诸葛均说:"昨天晚上才回来。将军今天可与他见面了。"说完,飘然而去。

三人便来到庄上叫门。童子来开门。刘备道:"有劳仙童转报,刘备专程来拜见先生。"

童子道:"先生今日虽在家,但此时还在草堂里睡觉未起身。"

刘备道:"既然是这样,就暂且先不要通报。"

于是吩咐关、张两人在门口等着。刘备慢慢走进去,只见诸葛亮正仰卧在草堂床席之上,他便站在阶下等候。可等了半天,诸葛亮也没有醒。

关、张两人在外等得不耐烦了,便走进来一看,刘备还站在那里。张飞来了怒气,对关云长说:"这个人如此傲慢无礼!我要到屋后去放一把火,看他起不起来!"

关云长忙使劲劝住。刘备命他两人出去等候。再往草堂上望时,见诸葛亮翻了个身,好像要起来,却是又朝里面壁睡去了。童子这时想去叫醒诸葛亮,刘备忙拦住道:"且勿惊动。"

又立了一个时辰,诸葛亮终于醒了,口中吟诗道:"大梦谁先觉?平生我自知。草堂春睡足,窗外日迟迟。"

诸葛亮吟罢,翻身问童子:"有客人来吗?"

童子回道:"刘皇叔在此,立候多时了。"

诸葛亮一听,忙起身道:"为何不早告诉我!请等我换换衣服。"说完,便转入后堂去了,半天才出来迎客。

刘备这时见诸葛亮,身长八尺,面如冠玉,头戴纶巾,身披鹤氅,飘飘然有神仙之气。他忙上前施一大礼,作了正式的自我介绍,

然后说："刘备两次来拜访先生都未得以相见。上次留下一书，先生看过吗？"

诸葛亮还了一大礼："昨日才到，知将军一心一意为国为民，可惜我年纪太轻，没多少见识，只怕会误了将军啊！"

他们在屏风后面坐下。刘备道："司马徽和徐元直都是世之高士，他们的举荐岂是虚言。还望先生不吝赐教。"

诸葛亮道："我诸葛亮只是一耕夫，您是错看了。"

刘备说："大丈夫学以致用，还望先生以天下苍生为念，开教引导我这愚鲁之人。汉室就要完了，奸臣当道。刘备我不自量力，欲为天下伸张大义，然而却智术短浅，始终没有成就。我想，只有先生这样的高人才能帮助我挽救天下的厄运，实为万幸。"

诸葛亮于是正言说道："自董卓作乱以来，天下豪杰并起。曹操势力不及袁绍，却能够克绍制胜的原因，不是他占据天时，而是在于人谋。如今曹操已拥有百万之众，挟天子以令诸侯，实在难和他对抗。"

"孙权占据了江东，已经历了三代，地势险固，民心归附，且有一批贤人才士为他效劳。因此只能与他联合而不能去图谋攻取。而荆州之地，北依汉水、沔水，南达南海，东连吴会，西通巴蜀，堪称用武之地，但它的主人难以守住，这大概是上天特意留给将军的，将军是否有意接纳呢？另外，荆州西面的益州，地势险要，沃野千里，是一个天府之国。"

"昔日汉高祖因之而成就帝业，但它现在的君主刘璋却昏庸无能，人民富庶，国家足实而不知保存，有智能的人士希望得到一位明主。"

"将军既然是汉室之后，信义名扬天下，招揽英雄，思贤若渴，如果能兼跨荆益之地，坚守其固，和好西戎南彝少数民族，对外结盟孙权，对内修整政理。"

"等到天下形势有变，就派用一员大将出荆州直取宛洛，将军自领兵北出秦川，直取中原，那时百姓哪有不支持将军的呢？则霸业可成，汉室可兴矣！这就是我为将军的谋划，只看将军是否想干这番事业了。"

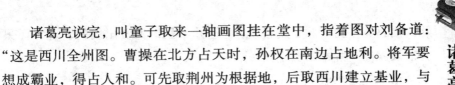

诸葛亮说完，叫童子取来一轴画图挂在堂中，指着图对刘备道："这是西川全州图。曹操在北方占天时，孙权在南边占地利。将军要想成霸业，得占人和。可先取荆州为根据地，后取西川建立基业，与孙曹形成鼎足之势，之后可图谋中原了。"

隆中对是诸葛亮未出茅庐时对时局所作的精辟分析的杰作，体现了他洞若观火，善于驾驭天下大事的能力和才干。诸葛亮以一言兴邦，刘备思贤若渴，采纳了他的计谋，并从此以诸葛亮为辅佐，踏上了建立蜀国和三分天下的征途。

由于隆中对从政治、经济、军事、地理和人事各方面进行了分析，把一幅树威定霸的宏图渐次展现在刘备面前。这番话虽寥寥数十句，却正确地反映了当时的形势，预示了政局发展的前景，故后人对隆中对给予了很高的评价。

诸葛亮一席话就如黑暗中一道闪电，照亮了混乱复杂的天下政局，使刘备茅塞顿开，眼前呈现出一幅三分天下的蓝图。

刘备听了诸葛亮的话语，站起来拱手谢道："先生之言，令我顿开茅塞，如拨云雾而见青天。只是荆州刘表、益州刘璋都是汉室宗亲，我怎么忍心去夺他们的地盘呢？"

诸葛亮说道："我夜晚观天象，刘表将不久于人世了，刘璋不是立业之人，用不了多久，这两个地方就都可归于将军。"

刘备一听，点头深深拜谢。诸葛亮这一席话，还只是他未出茅庐之言，那时他就已料定天下三分，真是万古之人不及啊！

刘备当即拜请诸葛亮道："刘备虽然名微德薄，愿先生不弃卑贱，出山以相助！"

诸葛亮推辞道："诸葛亮久乐于躬耕隐居，懒得去应世事纷争，难以奉命。"

刘备一听，不由得哭泣了起来，说道："先生不出山，天下苍生如何是好啊！"说着，泪沾袍袖，衣襟都浸湿了。

诸葛亮看到他的诚意这般深厚，终于说道："将军既然不嫌弃，我愿意效犬马之劳。"

刘备大喜，立即命关羽和张飞进来，拜了诸葛亮，又献上金帛礼

物。诸葛亮坚持不收，刘备说："这并不是请大贤出山的聘礼，而只是表表我的一片寸心罢了。"

诸葛亮这才收下了。

于是，刘备三人在庄上住了一宿。第二天，诸葛均回来了，诸葛亮对他嘱咐说："我承蒙刘皇叔三顾之恩，不能不出山了。你留在这儿躬耕，不要让田亩荒芜了，等我功退归隐回来。"

于是刘备几人辞别了诸葛均，与诸葛亮一道回归了新野。

刘备待诸葛亮如师，同吃同睡，整日在一起商讨天下大事。明主贤臣，刘备三顾茅庐，终于如愿以偿了。

诸葛亮决不是安于"耕锄"之人，他"自比于管仲、乐毅"，留心于政治，在隆中的等待，正是为了选择一个可以实现其理想的"明主"。

曹操无疑是当时最杰出的政治家、军事家。但曹操手下已人才济济，群英姿革，荀彧、郭嘉、荀攸、程见、崔谈等人，均是满腹文韬武略的一流人才，诸葛亮若投其帐下，要在他们中脱颖而出，成为举足轻重的高参，谈何容易。

同时，曹操生性残暴，多疑而又奸诈，常玩弄权术。诸葛亮的素养和施政治国设想，与曹操有很大差别，当然不愿意去为其效命。

孙权固然也是当时一位"人杰"，但缺乏一统天下的雄心，力图保全父兄业绩，乐于偏安江东。而诸葛亮志在结束分裂，完成统一大业，孙权对于他，显然不合适。

何况孙权承父兄基业，已有张昭等一批重臣，诸葛亮若去，也难以施展其管、乐志向。其他割地自保的如荆州刘表、益州刘璋、西凉韩遂、马超等人，更为诸葛亮所看不起。

在这个时候，只有刘备才是诸葛亮理想的"人主"。刘备是汉室中山靖王之后，打出"复兴汉室"的旗号，能起到吸引人心，招揽人才的作用，与诸葛亮结束天下分裂的理想相一致。

刘备在军事人才上虽拥有关羽、张飞、赵云等猛将，但缺乏运筹帷幄的军师，诸葛亮正好负此重任，展示才华。

刘备在出身上较之曹操、孙权低微，这一特点虽颇难取得地主阶级上层及地方割据势力的支持，但却易于赢得如诸葛亮所在的荆襄士人这样的中层地主、庶族寒门和一般人民群众的同情和拥戴。

所以，刘备和以诸葛亮为代表的荆襄中小地主集团，由于政治、经济地位十分相近，思想上正统观点又似磁铁般地相互吸引。

这样，才华横溢的诸葛亮无疑是刘备"千军易得，一相难求"的军师，而有所作为的封建政治家刘备也自然是诸葛亮完全可以信赖的"明主"了。

用火攻初显身手

荆州的有利地势，让这座古老的城市受到了各方武装势力的重视。

东汉荆州原辖七郡：南阳郡、南郡、江夏郡、零陵郡、桂阳郡、武陵郡、长沙郡。东汉末年，从南阳郡、南郡分出一部分县，设置襄阳、章陵二郡，于是荆州共辖九郡，这就是后世称"荆襄九郡"的来历。

在荆州的内部，也面临刘表家族内部的矛盾、刘表政权内抗曹派和降曹派的矛盾、荆州境内的主客矛盾，这三重矛盾。

刘表家族内部的矛盾，主要指他的两个儿子刘琮、刘琦争夺继承权问题的斗争。刘表政权内抗曹派和降曹派的矛盾，主要指刘表自保荆州的主张与其臣下投降曹操主张的分歧。荆州境内的主客矛盾，主要指刘表集团与客居荆州的刘备集团的矛盾。这三种矛盾并非彼此孤立，而是互相交叉，互相作用，缠绕在一起的。

刘表有两个儿子，长子刘琦，次了刘琮。开始，刘表很喜欢刘琦，不仅因为他是长子，而且因为他长得很像自己。

但是，自从次子刘琮结婚以后，刘表爱子的天平渐渐地偏到了刘琮一边。原来，刘琮所娶之妻，是刘表后妻蔡氏的侄女。因为这层关系，蔡氏想让刘琮取代刘琦的位置。她多次对刘表说刘琦的坏话，还联合蔡瑁、张允等向刘表进谗言。

这三个人都是荆州政权中举足轻重的人物。蔡氏是刘表的妻子，蔡瑁是刘表的妻弟，张允是刘表的外甥。她们三个人一齐讲刘琦不好，渐渐地，刘表竟真的以为刘琦不好了。

蔡氏不喜欢刘琦，除了刘琮的关系外，恐怕还与刘琦的政治态度有关。蔡氏是属于亲曹派，至于蔡瑁，与曹操的关系更不一般。

蔡瑁，字德珪，襄阳人，性格骄豪自喜。《襄阳耆旧记》载其少

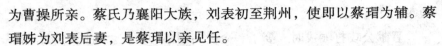

为曹操所亲。蔡氏乃襄阳大族，刘表初至荆州，使即以蔡瑁为辅。蔡瑁姊为刘表后妻，是蔡瑁以亲见任。

蔡瑁与曹操关系如此亲密，可见也是亲曹派。而刘琦却不同，他作为刘表的长子、荆州未来的首领，是坚持父亲自保荆州方针的。

刘琦非常器重诸葛亮，诸葛亮是坚决的反曹派，从刘琦与诸葛亮的关系，可以看出刘琦反对亲曹的政治态度。

刘琦日益被刘表疏远，被其继母蔡氏所不容，心内非常不安，便找刘备求对策，刘备又给他推荐了诸葛亮。

但是，开始诸葛亮只是搪塞应付，并未认真给他出主意。诸葛亮这样做，并不是对刘琦不负责任，而是认为对这件事的处理必须谨慎。

诸葛亮认为，刘琦之事若处理不好，不但害了刘琦，而且会使刘备受到影响。他在琢磨着既不使荆州当局疑心，又能保证刘琦的安全，同时又对刘备有利的办法。

刘琦见诸葛亮迟迟不为自己出主意，心中暗暗着急。有一天，刘琦又邀请诸葛亮到他家去做客。诸葛亮知道刘琦又要向自己讨求安身的办法了。

此时，诸葛亮已经想好了一条三全其美的办法，便接受了刘琦的邀请，来到他家。刘琦把诸葛亮带到后园，此地非常僻静，除了看园的家人就没有别人了。

在后园内，有一座小阁楼，二层楼上，刘琦早已摆好了一桌宴席。两人来到楼上，边饮边谈。然后，阁楼的梯子被刘琦的下人搬走，楼上只剩下刘琦、诸葛亮两人。

诸葛亮忙问缘故，刘琦说："是我让他们这样做的。现在我们上不着天，下不至地，旁无他人，言出您口，入于我耳，总该说说您的主意了吧？"

诸葛亮微微一笑，说："主意倒是有，不过你先得听我讲一个故事。"

刘琦忙说："我洗耳恭听便是。"

诸葛亮不慌不忙，讲起了春秋时发生在晋国申生、重耳的一段

故事。

晋献公攻打骊戎时，娶了一个名叫骊姬的女人。在此之前，晋献公已经有了几个儿子，即太子申生，公子重耳、夷吾。后来骊姬也生了个儿子，名叫奚齐。骊姬为了让奚齐能立为太子继承王位，便阴谋设计陷害申生和其他几位公子。

有一天，骊姬对申生说："你的父亲梦到你的生母齐姜了，你得赶快祭祀她。"

申生很孝顺，便回到自己的封地祭祀母亲。祭祀完毕，申生又把祭祀用的酒肉拿回来献给父王。

此时，晋献公外出打猎未归，骊姬便把酒肉收下，代为送达。申生走后，骊姬却往酒里肉里都渗了毒药。晋献公回来后，骊姬假意献酒，故意让酒洒在地上，剧毒掉在地上，立刻起了反应。

骊姬假惺惺地说："酒里有毒，肉里也一定有问题。"

便让狗吃了一块肉，狗也当场毙命。晋献公勃然大怒，下令逮捕太子申生。骊姬又添油加醋，说其他公子也参与了此阴谋。晋献公下令把重耳、夷吾也一起逮捕。有人劝申生向晋献公揭穿骊姬，或者逃出晋国，都被申生拒绝。最后申生自杀，而重耳等人却跑到国外，过起流亡生活。

诸葛亮问刘琦："你知道为什么申生死了，而重耳却活下来了吗？"

刘琦没有回答，诸葛亮见刘琦不答，便说道："君不见申生在内而危，重耳在外而安乎？"

诸葛亮又说："如今江夏的黄祖已经被杀，那里缺乏守御，你何不到那里去屯兵驻守，也可以避当前之祸。"

刘琦恍然大悟，决意离开襄阳，离开这权力斗争的中心。刘琦再次感谢诸葛亮。

送走诸葛亮后，第二天他来到父亲刘表处，要求到江夏去驻守。刘表犹豫不决，请刘备共同商议。

刘备假装思忖了一会说道："近闻曹操于邺郡作玄武池以练水军，必有南征之意，不可不防。"

刘表便让刘琦担任江夏太守。不久，刘琦离开襄阳，到江夏任职去了。

　　诸葛亮为刘琦出此计策，一方面是解刘琦之危，另一方面也是为了刘备的利益。

　　他知道，在刘表手下，主张投降曹操的人不在少数。刘表体弱多病，万一荆州有变，刘备的抗曹将与当局的降曹相冲突，到那时，刘琦的江夏郡还可以作为一块立足的根据地。

　　从这方面讲，刘表宗室内部的矛盾又和荆州内的主客矛盾相纠缠着。

　　刘表是不主张降曹的。他苦心经营荆州近二十年，把它变成地方数千公里，带甲十余万的小王国，可以说，这是他一生的心血，一生的成就。他怎能轻易拱手让人。

　　早在曹操屯军西平，兵临荆州时，刘表就表示了他不轻易投降的态度。他认为曹操之所以兵临荆州，是由于袁尚、袁谭兄弟不合作抗曹，致使曹操无后顾之忧的缘故。

　　所以，他分别写信给两袁，晓以利害，喻以大义，企图说服两人和好，与自己结成抗曹联盟。目的是在自己抗御曹操的进攻时，能得到两袁的外线配合。

　　刘备寓居荆州，是准备干一番事业的。他要兴复汉室，建立霸业，绝不会投降曹操。在不投降曹操这点上，刘表与刘备是一致的，他把刘备安置在新野，就是想利用他的力量抗击曹操。为了抗曹，刘表不但给刘备增兵，还不得不允许刘备在不影响荆州本土利益的情况下扩大自己的实力。

　　诸葛亮曾劝刘备，在取得刘表的赞同下，可招集荆州的游民以扩充部众。

　　武装夺取政权，必须要拥有自己的军队，军队的兵员越多越好，但是诸葛亮出山辅助刘备时，刘备屯兵新野，手下不过几千兵卒，势单力薄，寄人篱下。

　　诸葛亮一到新野，就烧出了新官上任的第一把火，建议刘备采取"游户自实"措施，以清查隐户为由，一下扩大了征兵数额，使刘备

军队猛增数万人。

荆州统治者刘表，是一个不能成大事的"坐谈客"，只想"坐保江、汉之间"，并无"四方之志"。虽然搞了种种粉饰太平的活动，却不曾致力于澄清吏治，整顿户籍，扩兵积粮。

刘表虽然没有阻止刘备扩军，但并不意味着对刘备持信任态度，恰恰相反，刘表对这个客居的同姓人是很不放心的。

特别是当他看到荆州人士很多人都依附刘备时，对刘备的戒心就更大了。他把刘备从新野调到樊城，就是把他放到自己的眼皮底下，以便于监督和控制。

如果说刘表与刘备的矛盾还处于隐蔽状态，那么刘表政权中降曹派与刘备的矛盾则尖锐到了剑拔弩张的程度。

刘备在樊城时，曾出席刘表举行的宴会。而刘表手下的蒯越、蔡瑁两人打算乘宴会杀掉刘备。

刘备察觉后，假称去厕所，借机溜走。刘备所骑之马名叫"的卢"，由于走的匆忙，连人带马掉到襄阳城西的檀溪中，情况十分危险。刘备急了，喊着他的马说："的卢，今天的安危全靠你的努力了。"

说完猛一夹马肚子。那马似乎听懂了主人的话，猛地一跃，蹿出三丈，带主人脱离险境。

蒯越、蔡瑁是降曹派的首领，他们对刘备的仇视，恐怕不仅仅由于主客矛盾，当时刘备坚决抗曹的态度有碍于他们降曹。

诸葛亮到刘备身旁，被刘备封为军师，极度器重赞赏，但是让刘备的结义兄弟张飞与关云长极为恼怒轻视。

一日，探马来报说曹操派夏侯惇带 10 万大军杀奔新野来了。刘备请诸葛亮前来商议对策。

诸葛亮道："我只怕关、张两人不肯听我调遣。主公要想让我用兵，请借剑印一用。"

刘备便将剑印交给他。诸葛亮于是召集众将听令。

张飞对关羽道："且去看他如何调度。"

诸葛亮下令道："博望之左有山，名曰豫山；右有林，名曰安林，可以埋伏兵马。关羽率千军在豫山埋伏，等敌军来到，放他过去不要战。他的粮草必定在后面，你只要看见南山火起，便可纵兵出击，烧他的粮草。张飞可带千军去安林背后山谷中埋伏，只看南面火起，便可出兵，在博望城旧屯粮处纵火烧它。关平、刘封可领五百余军，预备引火之物，在博望坡后两边等待，到初更时分敌兵来到，就可以放火。"

接着又下令派人从樊城叫回大将赵云作为前部，命他不要赢只要输。最后诸葛亮对刘备说道："主公自引一军为后援。各部必须按我计策而行，不可有误。"

关羽这时问道："我们都出去迎敌了，不知道军师做些什么呢？"

诸葛亮说："我只坐守县城。"

张飞一听大笑说："我们都去厮杀，你却在家里坐着，好自在呀！"

诸葛亮道："剑印在此，违令者斩！"

刘备这时说道："难道你们不知'运筹帷幄之中，决胜千里之外'吗？两弟不可违抗军令。"张飞冷笑着出去了。

关羽对张飞道："我们且看他的计策应不应，到时候回来再问他不迟。"

众将都不了解诸葛亮的韬略，今日虽听令，却都疑惑不定。

诸葛亮对刘备说："主公今日便可领兵在博望坡山下屯住。明日黄昏，敌军必到，主公便弃营而走。看见火起，便调头掩杀。我与糜竺、糜芳带五百余军守县。"又命孙乾、简雍准备庆功筵席，安排功劳簿伺候。

诸葛亮派拨完毕，刘备仍不知其中文章，疑惑不定。

却说夏侯惇和于禁带兵来到了博望，分一半精兵作为前队，其余尽护粮车而行。正在行进之间，忽见前面一路人马杀来，为首者乃赵云。

夏侯惇令于禁、李典压住阵脚，大笑道："徐庶在曹丞相面前夸诸葛亮为天人，今观其用兵，真像是让犬羊来与虎豹相斗。我一定要活捉刘备、诸葛亮。"

说罢纵马向前，与赵云两马交合。杀不到几回合，赵云假装败走，引夏侯惇来追，赵云败走十余公里，忽然一声炮响，刘备引兵冲杀出来。

夏侯惇根本不把这几个人放在眼里，说今天不杀到新野，决不罢兵，于是催促军队前进。

刘备、赵云只往后退走。

这时天色已晚，浓云密布，又没有月光；刮起夜风，并且越刮越大。夏侯惇只顾催军往前赶，到了两山狭窄地段，李典、于禁疑心有火攻，叫前军后部停住。

这时却听后面喊声震天，顿时一片火光，又赶上大风，火势越来越旺，很快，路两旁的芦苇也烧着了，一刹那，四面八方全都是火。

曹军人马大乱，相互践踏，死者无数。这时赵云调头回军追杀，夏侯惇冒着烟火突围出去。李典见势头不好，急忙奔回博望城时，火光中被一军拦住，正是大将关羽，李典纵马混战，夺路而逃，于禁从小路逃走。

韩浩等来救粮草，正遇张飞，张飞一枪刺夏侯惇下马，韩浩逃走。一直杀到天亮才收军，只见尸横满野，血流成河。夏侯惇收拾残军，回了许昌。

诸葛亮收兵，关、张两人一同赞道："诸葛亮真是英杰啊！"行不到几公里地，只见糜竺、糜芳带军簇拥着一辆小车过来，车中端坐一人，正是诸葛亮。

关、张立即下马拜伏于车前。

不一会儿，几路人马都到齐了，将所获战利品分赏众将，班师回新野，新野老百姓早已在夹道迎候了。有人说："我们大家得以生命平安，都是因为刘使君得到了贤人的佐助。"

这一仗，完全按诸葛亮的预计进行。因而，诸葛亮建立了出山以后的第一功，关羽、张飞及众将皆心悦诚服，诸葛亮从此在刘备军中树立起崇高威信。

建安十三年，刘表病入膏肓，派人将刘备从新野请到荆州，将大公子刘琦托孤给他，并说："我子不才，恐怕难以继承父业。我死以后，贤弟你可自领荆州。"

刘备一听哭拜着说道："刘备当竭尽全力辅佐贤侄为荆州之主。"

正说间，人来报曹操亲自统率大军压来。刘备急忙辞别刘表赶回新野。

刘表之妻子蔡夫人听说要立长公子刘琦为荆州之主，不由大怒。奉父命镇守江夏的刘琦赶回荆州探病，蔡氏、蔡瑁、张允等人知道刘琦性慈孝，害怕他们父子相见后感动刘表，使刘表把后事托给他，便定计阻挠刘琦与其父见面。

蔡瑁、张允在门外拦住刘琦对他说："将军命你在江夏守祝州东门，这是非常重要的任务。而你现在擅自离开重地回来，将军知道必怒责于你。惹父亲不高兴而加重他的疾病，恐怕不是孝敬的行为吧!"

刘琦无奈，只好流着泪返回江夏。这件事表明，荆州政权内的降曹派已牢牢地控制了政局。

刘表望儿不来，大呼几声而死。

蔡夫人与蔡瑁等商议，假写遗嘱，改立只有 14 岁的亲子刘琮为荆州之主，之后举哀报丧。

夏侯惇兵败博望以后，曹操亲率大军南征荆州，刘琮不战而降，荆襄九郡就这样轻而易举地落入了曹操之手。

住在新野的刘备忙与诸葛亮商议拒敌之计。

诸葛亮说："前番一把火，烧了夏侯惇大半人马；今番曹军又来，必教他中这条计。我等在新野住不得了，不如早到樊城去。"

于是，诸葛亮一面下令将新野居民迁往樊城，一面布置众将，准备再次火烧曹军。

诸葛亮对关羽说："带一千余军到白河上流埋伏。用布袋装沙土，截住白河之水，到明日三更后，放水淹之，并顺水杀下来接应。"

又唤张飞说道："带一千余军到博陵渡口埋伏，这里水流最慢，曹军被淹时，必从此处逃难，便可乘势杀来接应。"

又唤赵云说道："引军 3000 余人，分为四队，自领一队伏于东门外，其余三队分伏西南北三门。但要先在城内人家屋顶上，多藏硫磺等引火之物。曹军入城，必然会到民房中歇息。来日黄昏后一定有大

风，只要看见风起，便令西南北三门伏军全将火箭射进城去，等到城中火势大作，就在城外呐喊助威，只留下东门放他出去，你便在东门外从后面追杀，到天明时会合关、张两将，收军回樊城。"

再令刘封、糜芳两将："带两千余人，一半红旗，一半青旗，去新野城外鹊尾坡前屯驻。一见曹军到，红旗军走在左，青旗军走在右；敌军心疑必不敢追。你两人分头埋伏。看见城中火起便可追杀败兵，然后到白河上流接应。"

至此，诸葛亮分拨已定，便与刘备登高瞭望，专候捷报了。

曹仁、曹洪带领十万大军为前部，前面还有许褚带三千余铁甲兵开路，浩浩荡荡，杀奔新野而来。

这天中午来到了鹊尾坡，望见坡前一簇人马，尽打着青红旗号。曹仁说这是迷惑我们，并没有伏兵，可速进兵。来到林下追寻时，却不见一个人。

这时太阳已偏西，许褚刚要带兵前进，突然听得山上大吹大擂，抬头看时，只见山顶一旄旗，其中两把伞盖，竟是刘备和诸葛亮，两人正在把酒对饮。

许褚大怒，引军寻路上山。山上礌木炮石打下来，不能前进。又听到山后喊声大震，想要寻路厮杀，天色已晚。

后面曹仁来到，大军一齐直奔新野城下，只见四门大开。曹兵冲进去，却并无阻挡，城中也没有一个人，竟是一座空城。

曹洪说："这是他们势单计穷，所以带着百姓逃走了。我军且在城里安歇，明日一早进兵。"

这时候各路军马已经走乏，并且都很饥饿，于是都去抢占民房做饭。曹仁、曹洪在县衙内安歇。初更以后，狂风大作，守城军士飞报火起。

曹仁说："这一定是军士做饭不小心，遗漏了火，不要自惊自扰。"

话音未落，接连几个报告西北南三门全都起了火。曹仁赶紧下令众将上马时，已是满城火起，上下通红。这夜的火，可比前日博望之火大多了。

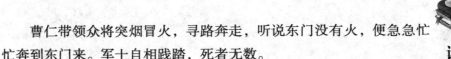

曹仁带领众将突烟冒火，寻路奔走，听说东门没有火，便急急忙忙奔到东门来。军士自相践踏，死者无数。

曹仁等刚刚脱离被火围困的厄运，却听背后一声呐喊，赵云带兵前来混战。曹军大乱，各逃性命。

正奔遁之间，糜芳带一路人马杀将而来。曹仁大败，夺路而逃。刘封这时又带了一路人马截杀过来。

到了四更时分，杀得人困马乏，军士多半焦头烂额。奔到白河边，幸好河水不深，人马全都下河饮水。人声互相喧嚷，马不停地嘶鸣。

关羽在上流用布袋截住水，黄昏时分，望见新野城中起了火。

到了四更天，忽听见下流人喊马叫，关羽急令军士一齐搬掉布袋，刹那间水势滔天，往下流冲去，曹军人马全都溺在水中，死伤无数。

曹仁引众将向水势慢处奔逃。

到了博陵渡口，突然又听到喊声大起，张飞率军挡住去路，大叫："曹贼快把命拿来！"

这时许褚的人马赶到，混杀成一片。许褚不敢恋战，夺路逃脱。张飞赶去接刘备、诸葛亮，一同沿河到上流。刘封、糜芳已备好船只等候，一起渡河往樊城而去。

舌战群儒扬威名

在短短三年时间里，袁绍原来所据的青、冀、幽、并四州，均被曹操所平定。

当时的辽西郡、右北平郡、辽东属国，聚居着许多被称为乌丸的少数民族部众。

袁尚、袁熙跑入乌丸地区后，曹操集团中许多人认为两袁不会再有什么大作为，主张南下荆州。而曹操的谋士郭嘉却力排众议，认为乌丸及袁尚、袁熙仍是最危险的敌人。

曹操权衡利害，决定暂缓征荆州。建安十二年五月，曹操北征乌丸，八月，在白狼山大破乌丸，斩杀乌丸首领蹋顿，降服乌丸部众及汉人20多万。

袁尚、袁熙率几千残兵逃往辽东郡。有人劝曹操乘胜进攻辽东公孙康，抓住袁氏兄弟以除后患。曹操说："不用劳烦士兵了，我要让公孙康主动把两袁的首级送来。"

果然，在曹操从柳城凯旋后，公孙康即杀了袁尚、袁熙及其他乌丸首领，并派人将首级送给曹操。

有人称赞曹操神算，曹操解释说："公孙康一向畏惧袁尚等人，我如果进攻公孙康，就会使他与袁尚等人联合，如果对其放松，他们就会自相残杀。"

袁氏残余消灭了，乌丸威胁解除了，按照先北后南的方针，曹操应该先平定关中，然后在统一北方后以强大的人力物力征服江南。然而，时局的发展并没有给曹操从容实现计划的机会。

就在曹操北征乌丸时，孙权率领的孙吴军队向荆州东门的守将黄祖发动了第二次进攻。

北征乌丸的第二年，当曹操在邺县休整军队，演练水师时，孙权向黄祖发动了第三次进攻，并杀死黄祖。

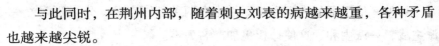

与此同时，在荆州内部，随着刺史刘表的病越来越重，各种矛盾也越来越尖锐。

建安十三年七月，曹操放弃了先征服关中的打算，匆匆挥师，踏上了南下的征程。

曹军的南下铁骑，所到之处，风尘滚滚，战马嘶鸣。其强大军事威力所发出的震撼，使得荆州的内外形势发了微妙的变化，各种力量在这种震撼的作用下，重新确定着自己的位置。

荆州的东面，孙吴军暂缓了进攻。孙权亲率大军驻扎在柴桑，密切地关注着形势的发展。十几万曹操大军南下荆州，孙权不得不考虑重新调整一下战略方针。

在这种形势下，荆州疲于应付南下的曹军，自然无力东顾，若攻之易如反掌。

然而攻入荆州后，必然和南下的曹军相会，双方必定为争夺荆州进行正面决战，荆州将转化为曹、孙角逐的战场。

显然，这对孙吴是十分不利的。应该利用荆州内部的抗曹力量，与之联合，共抗曹操，这才是正确的选择，因为曹操此时毕竟是强大的。

怎样利用荆州内部的抗曹力量缓冲一下曹军的压力呢？孙权陷入了冥思苦想之中。

此时，正值八月天气，滚滚热浪袭来，与心中的焦躁不安内外夹击，弄得孙权坐卧不宁。

曹操威逼东吴，这恰好给屯兵樊口，生存于曹、孙的夹缝之中的刘备和诸葛亮带来联孙抗曹的最有利时机。诸葛亮审时度势，决定亲自赶赴东吴游说孙权共同抗击曹军。

其时，孙权也有联合刘备抗击曹操之意，在此之前，孙权曾派鲁肃以吊唁刘表为名去与刘备联络。

但是，鉴于曹操势力过于强大，刘备新败后，曹军更是士气高昂，准备一举夺下江东。

此时此刻，孙权就不得不仔细掂量，或战或和，或举国抗曹，或俯首称臣，这使他犹豫不决，一时难作决断。

　　另外，他手下的大臣和将军们也有两种不同意见，分为两派，一派主战，一派主和，这使孙权更加左右为难。

　　这时，鲁肃对孙权说："刘表刚刚去世，他的两个儿子一向不和睦，军中诸将有的亲近刘琦，有的依附刘琮。在荆州寓居的刘备，是天下闻名的枭雄人物，因为与曹操有仇，所以寄身刘表篱下，刘表对他心有疑惧而不敢用。刘表一死，如果刘备能与刘氏兄弟齐心协力，致使荆州上下和睦，那么其力量不可小看，我们就应该对他们采取安抚策略，与他们结为盟好；如果他们之间离心离德，我们就应该另外打主意以成大事。"

　　鲁肃想去荆州看看情况，如果刘备与刘琮、刘琦同心同德，荆州上下齐心协力，就与他们结成同盟，如有违离，则另作他图。

　　而且，鲁肃表示，此去荆州，尽力说服刘备，让他安抚刘表的部众，同心协力，共拒曹操。孙权满以为，鲁肃此去定会给他带回一个拥有荆州八郡、十几万军队的强大盟友回来。然而，事实却让孙权非常失望。

　　曹操大军南下，刘琮举州投降，荆州八郡，大部分归曹操所有，十几万军队，多归曹操麾下。

　　而此时的刘备，在当阳被打得大败。如今，他只是借寓于江夏，与江夏太守刘琦共有两万余军队。

　　这一切，与孙权所期望的相差太远了。

　　刘备正与诸葛亮、刘琦在一起商议，诸葛亮说："曹操势力太大，一时难以抵抗。我们不如结盟东吴孙权，以作外应援助，造成南北相持，我们可从中得利。"

　　诸葛亮主张"外结好孙权"，并十分重视对吴关系，建立了孙刘联盟，从而在赤壁大战中打败曹操，形成三国鼎立的初步形势。

　　刘备担心地说："江东人物那么多，必有远谋，他们能容咱们吗？"

　　诸葛亮道："如今曹操带领百万之师，大军已压至江汉，江东肯定会派人来打探我们的虚实，对荆州有巧取之想。到时，我将出使江东，凭三寸不烂之舌，让他们南北两军去互相吞并，如果江东胜，则

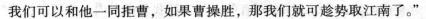

我们可以和他一同拒曹，如果曹操胜，那我们就可趁势取江南了。"

正说间，人报江东鲁肃前来吊丧。诸葛亮笑着说："大事可成了。"便对刘备道，"不可让他看出我们的计谋，主公只装作不知。"

鲁肃见过刘备，对诸葛亮说："我一向敬慕先生的才德，今日相见，三生有幸。孙将军虎踞六郡，兵精粮足，又极其敬贤礼士，江东英雄有很多归附于他。如今从你们这方面考虑，不如派一个心腹之人到江东去结盟，共图大计。先生的兄长在江东，每日盼望能与先生相见。鲁肃不才，愿与公同去拜见孙将军，共同商议拒曹大事。"

刘备装作不同意，说："诸葛亮乃是我的军师，一刻也不能离开，怎么可以让他到江东去呢？"

诸葛亮便道："事关紧急，请奉命一行。"

刘备这才答应。鲁肃于是和诸葛亮一起，登船往柴桑而去。

曹操已经占领了荆州的大部分领土，正屯兵于江陵，若顺江东下，很快就会进攻吴国。能不能抗拒曹操的大军，怎样抗拒，孙权心里实在没底。偏偏在这紧要关头，又有一些人公开提出投降曹操的主张，其首领人物不是别人，正是老臣张昭。

张昭惧怕曹操已久，建安七年，曹操给孙权下书，要求孙权送儿子到许昌为质，以控制东吴。孙权与臣下商议，张昭、秦松等人就心怀犹豫。如今，面对来势汹涌的曹兵，张昭等又主张迎降。

这一天，孙权又召集众人商议如何确保江东之事，结果还是老样子，主张降曹的人仍喋喋不休地重弹着老调，唯一不同的是力主抗曹的鲁肃坐在那里一言不发。聪明的孙权立即察觉到了这个变化，他觉得鲁肃的表现里大有文章。

果然，散会以后，孙权起身回后宫更衣，刚走到屋檐下，就觉得被人拉了一下，回头一看，原来是鲁肃。孙权立刻拉住鲁肃的手，问道："卿有什么话要对我说？"

鲁肃说："刚才我仔细听了那些主张降曹人的议论，想来想去，觉得他们除了误将军大事外，实在没有别的内容。这些人是不值得与他们共议大事的。"

孙权问："既如此，卿为何刚才不发一言呢？"

鲁肃回答："我们江东所有的人，包括我鲁肃在内，都可以投降曹操，只有将军您一人不能。"

孙权心中惊讶，问道："为什么呢？"

鲁肃答道："如果我鲁肃投降了曹操，曹操会让我回到家乡，给我安排官位。根据我的声名及以前的职务，我依然会担任州府的中下曹从事，外出可以坐牛车，身后有办事人员和士兵随从，在士大夫当中交游。如果功劳积累得多了，还有可能当上刺史、郡守一类的大官。而将军您就不同了。您一旦投降了曹操，能到什么地方安身呢？什么样的待遇能像您今天的样子呢？希望您早点下定决心，定下抗曹大计，不要听那些降曹者的议论了。"

鲁肃这番话，强烈地震撼着孙权的心灵，孙权不由长叹一声，说："那些降曹人的议论，真是使人失望；而您今天所阐明的道理，正与我的想法相同。我有您这样的人，真是上天所赐予的啊！"

鲁肃说："我这次去江夏，带回来诸葛瑾的弟弟诸葛亮，主公可以跟他谈谈，便知道曹操的虚实。"

孙权问："卧龙先生在哪里？"

鲁肃说："现在驿馆中安歇。"

孙权说："今日已晚，不宜再见。来日聚文武于帐下，先叫他见过我江东俊杰，然后升堂议事。"

第二天，鲁肃到驿馆接诸葛亮同往孙权大帐中。诸葛亮只见张昭、顾雍等一班20多位文武官员，峨冠博带，整衣端坐。诸葛亮一一见礼，之后在客位上落座。

张昭等人看到诸葛亮丰神飘洒，器宇轩昂，料他一定是来游说的。张昭便率先开口试问诸葛亮道："我张昭乃是江东的小人物，早就听说先生高卧隆中，自比管仲、乐毅，有这样的事吗？"

诸葛亮回答道："这只不过是我平生的一个小可之比。"

张昭道："新近听说刘备刘豫州三顾先生于草庐之中，幸得先生，以为如鱼得水因而欲想席卷荆襄。如今荆襄却一下归属了曹操，不知你们是何用意啊？"

诸葛亮暗想，张昭乃是孙权手下的第一谋士，若不先难倒他，如何说服得了孙权？于是答道："在我看来，我主取汉上之地易如反掌。我主刘备谦卑仁义，不忍去夺同宗兄弟的基业，因此将荆州推让掉了。刘琮是个小孩子，听任佞言，私自投降，致使曹操很猖獗。如今我主屯兵江夏，是另有良图，这可不是等闲之辈所能理解的。"

张昭道："如果是这样，先生可就自相矛盾了。先生自比管仲、乐毅，管仲辅佐桓公称霸诸侯，一统天下；乐毅扶持微弱的燕国，拿下齐国七十多个城池。这两个人，可都是济世之才啊！而先生只会在草庐之中笑傲风月、抱膝危坐。如今既然事从刘备，就该为百姓牟利益，除害灭贼。然而刘备在未得先生之时，尚能够纵横天下，割据城地；如今得了先生，人们更加仰望，就连幼童都说刘备是如虎添翼，不久汉室兴旺，曹操可灭了。朝野上下无不拭目以待，对先生抱着极大希望。"

"可为何自从先生跟了刘备，曹兵一来，你们就丢盔卸甲，望风而窜，弃新野，走樊城，败当阳，奔夏口，无容身之地。如此辜负了刘表遗愿，令天下百姓大失所望。那刘豫州自从有了先生，为何反倒不如当初了呢？管仲、乐毅难道就是这样的吗？我的话愚鲁直率，请先生不要见怪！"

诸葛亮听罢，笑了笑，说道："大鹏展翅飞万里，它的志向难道是那些小燕雀能认识的吗？比如一个人得了多年的痼疾，应当先给他喝点稀粥，同药一起服下。等到他肺腑调和、形体慢慢养得安稳些了，再用肉食补养，加上效力强的药治疗，这样病根才能除尽，人得以全面康复。如果不等病人气脉缓和，就给他吃烈药和味道厚重的食物，想要求得平安，实在就难了。"

"我主刘备，以前兵败于汝南，寄靠在刘表门下，兵不到一千余人，将只关、张、赵云，正像是到了病重危急的时刻。新野小县地僻人稀粮又少，他不过是暂时借以安身，怎可能长久坐守在那里呢？但就是在这样的处境条件下，却能够火烧博望，水淹曹军，令夏侯惇等心惊胆寒。依我看来，就是管仲、乐毅用兵，也不过如此吧！"

"至于刘琮投降曹操，豫州当时根本不知，且又不忍心乘乱夺取同宗之业；当阳之败，豫州不忍丢下百姓，几十万人扶老携幼相随渡江，每日与民一同颠簸十余里路而放弃去取江陵，真是大仁大义啊！寡不敌众，胜负乃是兵家常事。"

"昔日汉高祖刘邦多次败给项羽，然而垓下一战却取得了决定性胜利，难道不是因为韩信为他出了良谋吗？可韩信辅佐刘邦那么久，也没得几次胜利啊！因此说，国家大事，天下安危，要靠谋划。那些夸夸其谈，善于巧辩之徒，靠虚荣之气压人；尽管能够坐着议论、站着高谈，可是到了关键时刻应付各种形势变化，却什么都不行了，这才真正是叫天下耻笑的呀！"

诸葛亮一番话，说得张昭没有一句可以对答。

这时座中一人忽然高声问道："如今曹公屯兵百万，列将千名，虎视眈眈要踏平、吞食江夏，先生认为该怎么办呢？"

诸葛亮望去，乃是虞翻。诸葛亮道："曹操收并了袁绍蚁聚之兵，劫刘表乌合之众，虽然百万之军，也没什么可怕。"

虞翻一听冷笑道："你们军败于当阳，计穷于夏口，区区求救于人，还说不怕，这可真是大言不惭啊！"

诸葛亮道："刘备不是只靠几千仁义之师，就能抵抗百万残暴之众的吗？退守夏口是为了等待更好的时机。而如今，你们江东兵精粮足，且凭借有长江之天险，有的人却还想要主公孙权屈膝投降曹贼，而竟不顾天下人的耻笑。从这一点来看，刘备难道是怕曹操的吗？"虞翻被说得哑口无言了。

座中又一人发问道："诸葛亮先生难道想效法张仪和苏秦来游说我们东吴吗？"

诸葛亮一看，是步骘，回敬道："步子山先生以为张仪、苏秦是辩士,却大概还不知道他两人也是豪杰吧;苏秦佩挂六国相印,张仪两次为秦国宰相,都是匡扶国家的谋士,可不是那些畏强欺弱,怕刀怕枪的人所能比的。君等只听曹操虚发的假诈之词,就吓得想去投降,还竟好意思在这里笑话苏秦和张仪?"步骘也被问得说不出话了。

忽然,又有人问道:"诸葛亮认为曹操是个什么人呢?"

诸葛亮见是薛综,答道:"曹操乃是汉贼,这还用问吗?"

薛综道:"先生说得不对。汉朝历代至今,天数眼看就要完了。如今曹公拥有三分之二天下,人都归心于他。刘备不识天时,要与之纷争,正是好比以卵击石,怎能不败呢?"

诸葛亮这时厉声说道:"薛敬文怎么能出此没有君臣父子、没有高低伦理之言呢?人生在天地之间,应以忠孝作为立身之本。薛公既然是汉臣,却有不臣之心,应当打消这些思想,才是为臣的正道。曹操的祖宗食汉禄,却不思报效汉室,反怀有篡权叛逆之心,让天下人憎愤,薛公却说天数归之曹操,真是无父无君、没有纲常的人呀!我没有必要同你讲话,请不必多言了!"薛综满面羞惭,无话对答。

座上又有一人应声问道:"曹操虽然挟天子以令诸侯,可毕竟也是相国曹参的后代。刘备虽自说是所谓中山靖王的苗裔,却没有考证,人们亲眼所见的,他只不过是一个编草席卖草鞋的俗夫罢了,有什么资格来和曹操抗衡呢!"

诸葛亮看去,原来是陆绩。诸葛亮笑起来,道:"曹操既然是曹相国的后代,就更证明他世代都为汉臣,而如今他却手握王权,肆意横行,欺君罔上,不仅是目无君主,而且是蔑视祖宗,不仅是汉室之乱臣,而且是曹氏之贼子。"

"刘备是堂堂正正的汉室之胄,当今皇帝依据世宗祖谱赐予他官爵,你凭什么说无可查考呢?况且高祖就是从区区亭长开始建业起身的,织席卖鞋又有什么可以为耻辱的呢?我看你真是小儿之见,怎能和高士一起理论!"陆绩不禁闭口塞舌。

席中又一人说道:"诸葛亮所言,都是强词夺理,全不是正经之谈,不必再说了。只请问诸葛亮著有什么经典之论吗?"

诸葛亮看他,是严峻,说道:"寻章摘句,是世上那些迂腐儒士的所为，哪能够依此兴国立事。古时候躬耕的莘伊尹，垂钓于渭水的姜子牙，还有张良、邓禹等名士高人都没见他们有什么经典论著。难道说你整天就只是效仿那些酸腐的书生，区区于笔砚之间，数黑论黄、舞文弄墨而已吗？"严峻垂头丧气地无以作答。

忽然一个人大声说道："诸葛公好说大话，未必有真才实学，恐怕到时恰恰要被文人学者所笑呢！"

诸葛亮看那人，乃是程德枢，便回答道："文人学者有君子与小人之分。作为君子的文人，忠君爱国，坚守正义，憎恶邪佞，尽力为时代作出自己的贡献，美名传于后世。而作为小人的学者，只钻营雕虫小技，用心于文墨，年轻时作赋，人老了把经都念完。笔下即便有千言，胸中却没有一点实实在在的计策。就像杨雄那样，虽然以文章著称于世，却屈身于草莽强盗之手，走投无路最后跳楼而死。这就是所谓的小人之儒。即使他每天吟诗作赋上万言，可又有什么用呢！"程德枢也不能应对了。

众人见诸葛亮对答如流，全都已惊慌失色。

此时，座中还有人想要问难诸葛亮，忽然有个人从外面走进来，厉声说道："诸葛亮乃是当世奇才，诸位以唇舌相难，可不是敬客之礼。曹操大军压境，你们不商讨退兵之策，光在这里斗嘴！"众人一看，是督粮官黄盖黄公覆。

黄盖对诸葛亮道："先生何不将金石之论对我主说去？"

诸葛亮道："诸君不识时务，互相问难，容不得我不答。"

黄盖和鲁肃带诸葛亮入中门，来到大堂上，孙权下阶而迎，厚礼相待，请诸葛亮坐，众文武分列两旁，鲁肃站在诸葛亮边上。

诸葛亮见孙权碧眼紫发，仪表堂堂，暗想，此人相貌不一般，只能用话激他，不能光讲道理。于是，等孙权问起曹操现有多少兵马时，诸葛亮说有一百多万。

孙权道："怕不是在诈我们吧？"

诸葛亮便将曹操原有的兵力，加上从袁绍、中原和荆州那里新增的兵力算在一起，不过150多万。他方才说100万，是怕吓着江东之士，且曹操手下战将谋士都不下一两千。

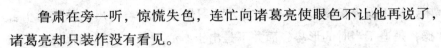

鲁肃在旁一听，惊慌失色，连忙向诸葛亮使眼色不让他再说了，诸葛亮却只装作没有看见。

这时孙权又问："曹操平了荆楚之地，还有其他图谋吗？"

诸葛亮道："他如今已沿江边安营扎寨，准备战船，不图你们江东，又是想取哪里呢？"

孙权道："若他真有吞并之意，请先生替我想想该怎么办。"

诸葛亮道："我有一句话，只怕将军不肯听从。如今曹操势力极大，威震海内，即便是英雄，也无用武之地，奈他不可。将军要量力而行，若有能力与曹抗衡，不如趁早消灭他；若没有能力对抗，不如听从众谋士的建议，投降曹操算了。如今，将军嘴上说要降曹，心里又不想降曹，形势危急，却总是拿不定主意，大祸可就要临头了！"

孙权道："若像先生说的这样，刘备为什么不投降曹操呢？"

诸葛亮道："过去，像田横、齐之那样的壮士都能坚守大义，不容屈辱，何况刘备是汉室宗亲，事之不成乃是天意，怎么能自己就先屈服于他人之下呢！"

孙权听了诸葛亮这番话，不觉脸色顿变，站起身来拂袖而去，众人一见，也都一笑而散了。

鲁肃责怪诸葛亮道："先生为何说出这样的话来？幸亏我们主公宽宏大度，没有当面责怪你，你的话过于藐视他了。"

诸葛亮仰面笑道："何必这样不能容人呢！我自有破曹之计，他不问我，我怎敢说呢？"

鲁肃忙道："原来先生是有良策的，我这就去请主公来向你求教。"

诸葛亮说："我看曹操的百万大军，不过是一群小蚂蚁罢了，只要我一抬手，它们就都成了粉末。"

鲁肃经这么一说，便立即到后堂去见孙权。孙权一听，转怒为喜说道："原来他是用话在激我。"于是又出来与诸葛亮互致歉意，讨教良策。

诸葛亮说："刘备虽新败，但关羽仍带有精兵万人，刘琦在江夏也有万人。曹兵虽多，却是远道而来，征战疲惫，正所谓'强弩之

末，势不能穿鲁缟'。并且北方人不习惯于水战。荆州之民依附于曹操，是迫于当时的形势，而并不是出于本心所愿。将军如果现在能诚心诚意地和刘备结成联盟，破曹之事必成。"

"曹军败了，自然退回北方，那么荆州和东吴的势力也就加强了，三足鼎立的局面也得以成型。成败的关键即在眼下，就看将军怎样决断了。"

孙权听罢大喜，说："先生的话，使我茅塞顿开。我已经拿定主意，马上就可以商议起兵，共破曹操!"于是孙权叫鲁肃将决定传告下面文武官员，然后送诸葛亮回驿馆休息。

智激周瑜得联盟

虽然诸葛亮给孙权策划了破曹之策，但孙权仍是不踏实，担心兵少将寡，抵挡不住曹操大军。而此时，主降的大臣又议论纷纷，搞得孙权又无所适从，难以决断。

吴国太听说此事，对孙权道："你兄孙策临终留下话说，'内务之事难断问张昭，对外之计不决请周瑜'，眼下何不去同公瑾商议呢？"

孙权的大都督周瑜在鄱阳湖训练水师，闻讯急忙赶回柴桑。鲁肃与周瑜关系最为深厚，头一个去迎接他，把事情详细讲了。

周瑜道："子敬不必烦恼，我自有主张。现在快去把诸葛亮先生请来相见。"

晚上，鲁肃带诸葛亮来拜见周瑜。周瑜出中门迎入，开始，周瑜和鲁肃争辩，故意说自己愿降，诸葛亮只是袖手冷笑。

当问诸葛亮的看法时，他知道周瑜反话正说的意思，于是附和着说道："曹操善用兵，天下莫敢当。以前有吕布、袁绍、袁术、刘表敢与对敌。今数人皆被曹灭，天下无人矣。独有刘豫州不识时务，强与争衡，今孤身江夏，存亡未保。将军决计降曹，可以保妻子、家富贵。国事迁移，付之天命，何足惜哉！"

鲁肃大怒说道："你是想教我主屈膝受辱于国贼吗？"

诸葛亮接着说道："我有一计，可以不用向曹操上贡献印，也不必将军亲自渡江，必须派一个小使者，乘一只小船送两个人到江上。曹操只要得到这两个人，就可令百万之师退兵。"

周瑜便问道："果然如此的话，那么这是怎样的两个人呢？"

诸葛亮说："我在隆中时，就听说曹操在漳河新造了一座铜雀台，极其壮丽，广选天下美女聚集于其中。曹操本是好色之徒，早听说江东乔公有两女，长女叫大乔，次女叫小乔，有沉鱼落雁之容，闭月羞花之貌。曹操曾发誓说：'我的志愿，一是扫平四海，建立霸业，二

是得到江东两乔，放在铜雀台中，以乐我晚年。这样到死也没什么可遗憾的了。'"

"如今曹操带百万之师欲图江南，其实就是为了这两个女子。将军何不去寻找乔公，以千金买此两女，派人送与曹操，曹操得到这两个女子，必心满意足，班师撤兵。这正是范蠡献西施之计，何不赶紧去办呢？"

周瑜道："曹操想得到这两个女子，有什么证明呢？"

诸葛亮道："曹操的小儿子曹植，下笔便成文。曹操曾命他作一首赋，名作《铜雀台赋》，文中之意说他全家都能称王为帝，誓得两乔。"

周瑜问："这篇赋先生能背下来吗？"

诸葛亮道："我喜欢它文辞华美，曾记下来过。"

周瑜说："那就请先生试着背诵一下。"

诸葛亮当即吟诵起《铜雀台赋》，其中有这样一句道："立双台于左右兮，有玉龙与金凤。揽两乔于东南兮，乐朝夕之与共。"

周瑜听罢，勃然大怒，站起身来用手指着北方道："老贼欺我太甚！"

诸葛亮忙站起来劝道："都督这又是何必呢？过去单于多次侵犯我国南疆，汉朝天子将昭君公主许给他和亲，眼下又何必在惜两个民间女子？"

周瑜回答道："先生有所不知，这大乔乃是孙策将军的主妇，小乔是我的妻子。"

诸葛亮一听，装作并不知晓的样子急忙说道："我实在不知，失口乱言，死罪！死罪！"

周瑜道："我与那老贼誓不两立！来日入见主公，便商议起兵。"

诸葛亮道："若蒙不弃，我愿效犬马之劳，随时听候派遣。"

第二天，东吴的文武官员聚在一起，商谈战降之事。张昭等人主张降曹，陈述了陈词滥调。

周瑜马上站出来反驳说："曹操虽托名汉相，实乃汉贼。将军以神武雄才，又依仗父兄所付事业，割据江东，地方数千里，兵精粮足，英雄乐业，正当以此横行天下，为汉室除残去秽，何况曹操是亲自来送死，怎能说迎降的话呢?"

接着，周瑜列举了曹军的四点不利之处。孙权联想起诸葛亮对他分析曹兵的状况，与周瑜所说有很多地方是一致的，真是英雄所见略同。想到这里，孙权拔出佩剑，猛地向面前的奏案砍去，斩钉截铁地说："诸将吏敢复有言降曹者，与此案同!"

便将此剑赐周瑜，即封瑜为大都督，程普为副都督，鲁肃为参军校尉。如文武官将有不听号令者，即以此剑诛之。

孙权最终依诸葛亮之言，立即调拨3万精兵，由周瑜和老将程普分别担任左右都督，鲁肃为参军校尉，同诸葛亮一起前往樊口与刘备军队会合抗曹。

诸葛亮凭其智慧和口才一下为刘备争取了东吴10万之众，并带回3万东吴精兵，这为扭转当时整个局势起到了关键作用。

立军状草船借箭

周瑜与程普、鲁肃领兵起行，便邀诸葛亮同往。诸葛亮欣然从之。一同登舟，驾起帆樯，迤逦望夏口而进。离三江口二三十公里，船依次第歇定。周瑜在中央下寨，岸上依西山结营，周围屯住。诸葛亮只在一叶小舟内安身。

周瑜越来越感到诸葛亮计谋深远，日后必成大患，实不可留，但若杀了诸葛亮，又怕遭曹操耻笑，于是便想方设法要寻机除掉他。

一日，周瑜聚众将于帐下议事，问诸葛亮道："近几日就要同曹操交战了，水路交兵，应当先用什么兵器攻战？"

诸葛亮道："大江之上，应以弓箭为先。"

周瑜道："先生之言，甚合我意。但是军中正缺箭用，敢烦先生督造十万支箭，以作应敌之用。这是公事，还请先生不要推却。"

诸葛亮道问："这 10 万支箭不知道都督什么时候用呢？"

周瑜道："10 日之内，能办妥吗？"

诸葛亮道："曹操马上就要打过江来了，若等 10 天，必误大事了。"

周瑜便问："先生料几日能造完？"

诸葛亮说："只要 3 天，就可交上这 10 万支箭。"

周瑜一惊，道："军中无戏言。"

诸葛亮笑笑说："愿立军令状，3 天办不成，甘当受罚。来日造起，到第三天，都督可派人来江边搬箭。"

当下，诸葛亮立下了军令状。

诸葛亮走后，鲁肃对周瑜说道："这个人莫非是在诈我们？"

周瑜摇摇头："他自己送死，并不是我逼他。你可去探诸葛亮的虚实，然后来告诉我。"

鲁肃来见诸葛亮，诸葛亮道："子敬得借我 20 只船，每船要军士

30人，船上全用青布作幔，每船用束草千余个，分立两边，我自有妙用。第三日包管有10万支箭。只是不能让公瑾知道，他若知道了，我的计策就会失败。"

鲁肃回报周瑜，果然不提借船之事，只说诸葛亮并不用箭竹、翎毛等物，自有道理。周瑜大惑不解道："看他三日后怎么交差。"

鲁肃将诸葛亮所需之物都备齐了，只等候调用。第一天不见诸葛亮动静，第二天也不见诸葛亮有所行动。直到第三日四更天时，诸葛亮将鲁肃秘密地请到自己船中，说："请先生同我一道去取箭。"便下令20只船用长长的绳索连接成一串，一直向北岸进发。

这天夜里大雾漫天，江上更是雾气重垂，人在对面都看不清。诸葛亮督促船只前进，到五更时候，已接近曹操水寨。诸葛亮让把船头冲西，船尾在东，一字摆开，军士皆藏身于青布幔中，然后下令擂鼓呐喊。

鲁肃大惊道："要是曹兵杀出来可如何是好？"

诸葛亮笑道："大雾锁江，我料他定不敢出战。我们只在这里饮酒取乐，等到雾散了就回去。"

鲁肃一听哭笑不得，哪有心思饮酒，真是坐立不安。

却说曹操营寨中听得擂鼓呐喊，于禁等慌忙飞报曹操。操传令道："浓雾弥江，我军不可轻动，让弓箭手放箭。"

然后又派人往旱寨里去叫张辽、徐晃各带弓箭军3000余，火速赶到江边助战。

很快，有1万多弓箭手往江中一齐放箭，箭如雨发，有的射落水中，有的扎在船边束草上。船因受箭而向一边慢慢倾斜。

诸葛亮看看杯中之酒倾洒，便下令将船队调转，头东尾西，再靠近曹操水寨受箭，一面继续擂鼓呐喊。一直到太阳升起，雾气渐渐散开了，诸葛亮才下令收船立即返回。

这时那20只船两边的束草上都已扎满了箭支。诸葛亮下令各船上的军士齐声高喊："谢曹丞相箭！"

等到曹军寨中报知曹操时，这边船轻水急，早已放回去有20多公里了，哪里还追赶得上，曹操见之，懊悔不及。

诸葛亮回到船中对鲁肃说道:"每只船上有大约五六千支箭,不费你江东半分之力,便得 10 万多支箭。明日就可用它来射曹军了,岂不是真方便吗?"

鲁肃赞叹道: "先生真神人也,却是如何知道今日有大雾弥江呢?"

诸葛亮答道:"作为将帅,不通晓天文地理,不知奇门,不懂阴阳,不看阵图,不明兵势,那是庸才。我在 3 天前已算准今日有大雾,所以才定下 3 日之限。公瑾让我 10 天办完,工匠、材料等都不应手,明摆着是想要杀我。我命系于天,岂是公瑾所能加害的吗?"鲁肃拜服了。

船到岸时,周瑜已派 500 余军士在江边等候搬箭。

诸葛亮教人到船上来取,共得 10 多万支,都搬到军帐交纳。鲁肃来见周瑜,述说了诸葛亮草船借箭之事。

周瑜大惊,慨然叹道:"诸葛亮神机妙算,我不如他啊!"

不一会儿,诸葛亮入帐来见周瑜。周瑜说道:"我主孙权差人来催促我进军,我昨日观察曹操水寨,极是严整有序,非等闲之辈可以攻下。我思得一计,不知可否?"

诸葛亮道:"都督先不要说,各自写要手掌中,看我们想的是不是一样。"

周瑜大喜。写罢,两个靠近一看,周瑜手中是个"火"字,诸葛亮掌中也是一个"火"字。

周瑜说道:"既然我们两人所见相同,此计更无疑矣,请先生不要泄露。"

诸葛亮道:"两家公事,岂有泄露之理。我料曹操虽吃过我火计的亏,但在大江之上,必然不会防备,都督请尽快准备吧!"

借东风火烧赤壁

曹操平白无故折了十三四万支箭，非常气恼，他采取谋士荀攸之计，派蔡瑁的族弟蔡中、蔡和去周瑜行营诈降，被周瑜看了出来，他将计就计，和老将黄盖联手演出一场苦肉计。

原来，那晚黄盖入帐向周瑜献计说："今敌众我寡，难于持久。然观操军船舰首尾相接，可烧而退敌。"

英雄所见略同，周瑜和黄盖进一步策划了火攻的具体方案。

第二天，黄盖以言激怒周瑜，被重打50军棍，皮开肉绽，鲜血淋漓，躺倒在军营中。

当时，诸葛亮也在帐前，众人都替黄盖求情，唯独诸葛亮没吭一声。

黄盖被责打的消息很快被奸细蔡和、蔡中报到曹营，并捎去了黄盖送给曹操的一封投降书。

黄盖的这封诈降信，曹操还不是十分相信，他反复看过蔡中、蔡和的信，并把送信的人叫来，仔细询问一番，见问不出破绽，这才相信了。

曹操非常高兴，他认为黄盖的投降，很可能是上天赐给破吴的机会。

想当初，与袁绍对峙官渡时，也是袁绍手下叫许攸的人投降，为战胜袁绍提供了可靠的情报。

数日后，为了解决北军不服水土、在船上多患呕吐之疾，曹操采纳庞统之计，以小船和大船相搭配，或30为一排，或50为一排，首尾用铁环连锁，上铺木板，人马皆可以在上面行走。看似如平地一般，谁知却为曹军埋下了祸根。

建安十三年冬十一月十五日，天气晴朗，风平浪静，巡视过旱寨、水寨的曹操心中高兴，设酒款待众文武。

酒酣，他遥指南岸说道："周瑜、鲁肃，不识天时，与我交战，乃自取灭亡！"

又指着夏口说，"刘备、诸葛亮，汝不料蝼蚁之力，欲撼泰山，何其愚也。"

又顾众将说："吾今年54岁，昔日乔登与吾至契，知其二女皆有国色，后不料为孙策、周瑜所娶。吾今建铜雀台于漳水上，如得江南，当娶二乔，置之台上，以娱暮年，吾愿足矣！"

第二天，曹操在水军中央大船上坐定，调兵遣将，对吴军发起了攻击。

令毕，水军寨中发擂三通，并队伍战船，分门而出。是日西北风骤起，各船拽起风帆，冲波激浪，稳如平地。北军在船上，踊跃施勇，刺枪使刀，曹操看后十分高兴。

有谋士程昱说："丞相，船皆连锁，固是平稳，但彼若用火攻，难以回避，我军不可不防。"

曹操笑道："若用火攻，必借风力，如今隆冬之际，但有西北风，那里会有东风、南风的。我军居于西北之上，彼并皆在南岸，彼若用火，是烧自己之兵，何用惧怕，若是3月阳春时候，我早就会准备好了的。"

曹操催动大军向吴营冲来，焦触、张南率20只小舟，正和韩当、周泰相遇。

两军交战，焦触被韩当刺死，周泰砍死张南，接应的文聘也被杀得大败而归。

周瑜站在山顶上观看战况，见江中曹船入水寨，他问众将道"江北战船如芦苇之密，曹操又多谋，当用何计破之？"

众未及对，忽见曹军寨中，被风吹折中央黄旗，飘入江中。周瑜大笑说道："此乃不祥之兆也。"

正观之际，狂风大作，江中波涛拍岸。一阵风过，刮起旗角于周瑜脸上掠过，周瑜猛然大叫一声，往后便倒，口吐鲜血，不省人事。

诸将愕然相顾说道："江北百万之众，虎踞鲸吞，不料都督如此，倘曹兵一至，如之奈何。"

慌里差人申报吴侯，一面求医调治。

周瑜心气不顺，病卧在床。鲁肃请诸葛亮来医。诸葛亮在纸上密书十六字："欲破曹公，宜用火攻；万事俱备，只欠东风。"

周瑜见了大惊，暗想：诸葛亮真神人也！乃转忧为喜道："事在危急，望先生赐教。"

诸葛亮道："亮虽不才，曾遇到奇异之人传授与我奇门遁甲天书，可以呼风唤雨。都督若要东南风时，可在南屏山上建一座平台，叫作七星坛：高九尺，作三层，用120人，手举旗幡围绕。我在台上作法，借三天三夜东南大风，助都督用兵，怎么样？"

周瑜道："别说三天三夜，只一夜就大事可成了。势迫在眉睫，请万万不要迟误。"

诸葛亮道："十一月二十日甲子祭风，至二十二日丙寅风停，如何？"

周瑜大喜，一下坐起身来，立即使500名精壮军士，到南屏山去筑坛，拨120人执旗守坛，听候使令。

诸葛亮于十一月二十日甲子吉辰，沐浴斋戒，身披道衣，赤足披发来到坛前，吩咐守坛将士："不许擅离方位。不许交头接耳。不许随口乱讲话。不许大惊小怪。违令者，斩！"

众人领命。诸葛亮缓步登坛，看好方位，在炉中烧香，在盂盆内灌水，仰天暗祝。

诸葛亮一天上坛下坛三次，却不见有大风。

周瑜等人都在中军帐内等待东南风。黄盖等已准备火船20只，曹营中有周瑜派出的内应甘宁等缠住其水军督将在寨中每日饮酒，不

放一个人到岸上去哨探，四周全是东吴兵马，围得水泄不通，将士们个个摩拳擦掌，只等帐上号令。

这天晚上，天色晴朗，微风不动。周瑜对鲁肃道："诸葛亮之言实在荒谬。隆冬季节，哪来的东南风？"

鲁肃说："我想诸葛亮并不是谬言。"

将近三更时分，忽听风声响起，旌旗飘动。周瑜出帐看时，只见旗角竟真的飘向了西北，霎时间东南风大作。

周瑜惊骇地说道："此人有夺天地造化之法、鬼神不测之术！若留着他，必是东吴之祸根，及早杀掉，免得生他日之忧。"

赶忙叫来丁奉、徐盛二将，密令道："各带100人，徐盛从江内去，丁奉从旱路去，都到南屏山七星坛前，不用多问，抓住诸葛亮便立即斩首，拿人头来见我请功。"

二将领命而去。

丁奉马军先到，只见坛上执旗将士当风而立，却不见诸葛亮，问答说："刚才下坛去了。"

这时徐盛船也到。兵卒报告说："昨晚有一艘快船停在前面滩口。方才看见诸葛亮披发下船，那船往上游去了。"

丁奉、徐盛连忙分水旱两路追赶。徐盛叫挂起满帆，乘风急追。终于看见前面的船已离得不远，徐盛在船头大声高喊："军师不要走，都督有请！"

诸葛亮站在船尾大声道："回去告诉你家都督，好好用兵，我暂且回夏口了，他日再容相见。"

徐盛道："暂且停一下，有要紧话说。"

诸葛亮道："我已料到都督不能容我，必定要来加害，事先叫子龙来接应。将军不必追赶了。"

徐盛见前面的船没挂帆，便只顾往前赶去。待离得近了，赵子龙站在船上弯弓搭箭，"嗖"的一声射断徐盛船上篷帆的绳索，篷帆"哗"地堕落入水，船一下便横了过来。

赵云叫自己船上撑起满帆，乘风而去，快流如飞，追之不及。岸上，丁奉唤徐盛靠岸，说道："诸葛亮真是神机妙算。"

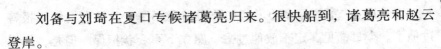

刘备与刘琦在夏口专候诸葛亮归来。很快船到，诸葛亮和赵云登岸。

诸葛亮问道："前时所定军马战船之事，可曾办齐。"

刘备上前对诸葛亮道："早已准备好，只等军师调用。"

于是立即升帐，诸葛亮遣将调兵，首先唤赵云，道："子龙可带3000兵马，过江直奔乌林小路，寻树木芦苇茂密的地方埋伏下来。今夜四更以后，曹操必然从那条路奔走。等他军马过，就从半中间放起火来，即使杀不了他全军，也能消灭一半。"

赵云道："乌林有两条路，一条通南郡，一条通荆州。不知曹操会向哪条路来？"

诸葛亮说："南郡路险，曹操必不敢走，一定往荆州来，然后大军投许昌而去。"

赵云于是领令走了。

诸葛亮又唤张飞："翼德可带3000兵过江，截断彝陵这条路。曹操必往北彝陵去。来日雨过，待他埋锅造饭，你只要看到烟起，就在山边放起火来。虽然捉不到曹操，想你这回功劳也不小。"

张飞走了。

诸葛亮又吩咐糜笁、糜芳、刘封3人各驾船只，绕江截杀败军，夺取器械。3人去了。

诸葛亮起身对公子刘琦道："武昌离这边只有一望之地，最为重要。公子便请赶回去，带所部之兵埋伏在岸口。曹操一败，必有逃来的，就地抓住，但不可轻易离开城郭。"

刘琦便辞别刘备、诸葛亮自去了。

诸葛亮最后对刘备道："主公可在樊口屯兵，凭借高处观望，坐看今夜周瑜成大功也。"

此时关羽站在一边候令，诸葛亮却全然不予理睬。

关羽忍不住高声道："军师为何不用我？"

诸葛亮答道："云长别见怪。过去曹操待你很厚，你一定想要报答于他。今日曹操兵败，必走华容道，要是让你去守华容隘口，只怕你会放他过去。因此不敢委派。"

云长道："军师好多心。当初曹操待我不薄，我已白马解围报答过他了。今日撞见，定不放他过去，愿立下军令状担保。但是，如果曹操不走华容道，那可又怎么说？"

诸葛亮道："我也立下军令状，他若不走，我甘受军法处治。"

关羽大喜。诸葛亮吩咐他说："你可在华容小路高山上堆积柴草，放起一把烟火。曹操看见烟起，便会认为这是虚张声势，必向这条路来，将军可不要留情。"

关云长领令而去。

刘备这时说道："我这兄弟义气深重，只怕他还是会放曹操一马的。"

诸葛亮于是说："我夜观星象，曹贼这回死不了，何不留这份人情，让云长做了去，也是好事。"

刘备道："先生神算，世所罕及啊！"

诸葛亮走后，周瑜调遣众将。命甘宁取乌林的曹操屯粮之所，命太史慈领3000兵奔黄州断合肥曹操援兵，命吕蒙带3000兵击乌林接应甘宁，命凌统带3000兵直取彝陵界首，命董袭领3000兵直取汉阳，命潘璋带3000兵接应董袭。命黄盖领十艘冲锋船和大型战船，里面装满柴草和油脂，外面用布盖上，然后在船上竖起军旗，使小卒驰书约曹操来受降。

黄盖的后面，第一队领兵军官韩当，第二队领兵军官周泰，第三队领兵军官蒋钦，第四队领兵军官陈武，四队各引战船300只，前面各摆引火船20只。

周瑜自和程普在艨艟上督战，徐盛、丁奉为左右护卫，只留鲁肃与众谋士守寨。

周瑜火烧赤壁，曹军大败而逃，一路被剿杀，果然投乌林以西而来。曹操看见这一带树木丛杂，山川险峻，忽然在马上仰面大笑起来。

诸将便问道："丞相为什么大笑？"

曹操说："我不笑别人，单笑周瑜无谋，诸葛亮少智。要是换了我用兵，一定会在这里埋伏下一支人马，看看会怎么样？"

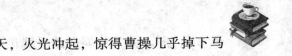

话音未落，忽然两边鼓声震天，火光冲起，惊得曹操几乎掉下马来。一军从侧面突然杀出，大叫道："赵子龙奉军师将令，在此等候多时了！"

曹操忙令抵挡，自己突出烟火而逃。子龙也不追赶，只顾抢夺旗帜。

天色微明，黑云罩地，东南风仍不息。忽然大雨倾盆，将士的衣甲都淋得透湿。曹军冒雨而行。曹操问前方是什么地方，军士回答，一边是南彝陵，过葫芦口便是南郡江陵；另一边是北彝陵山路。曹操下令走南彝陵。

走到葫芦口，曹军兵马都已饥饿困乏，于是埋锅造饭。曹操坐在林下，忽然又仰面大笑起来。众将问道："丞相刚才一笑笑出个赵子龙，现在又为何发笑？"

曹操道："我笑诸葛亮、周瑜毕竟短智少谋。若换了我用兵，定在此伏下一队人马，那样的话，我即便得以逃脱性命，怕也得重伤了。"

正说间，忽听前军后军一齐呐喊起来。为首者正是燕人张翼德。众人一见张飞，无不心惊胆寒。

曹操令许褚、张辽、徐晃上前抵挡，曹操大惊，丢甲上马，自己拨马就走。张飞从后赶来，曹兵拼命奔逃，才渐渐甩掉追军。回头看去，又伤了许多的人。

正行间，前面又出现两条路，军士报曹操道："大路稍微平坦些，却远；小路通华容道，能近些，只是路窄难行。"

曹操令人上山观望。

不久，探马回来报告说："发现小路山边有几处烟起，大路上并没有动静。"

曹操道："兵书曰：虚则实之，实则虚之。吾偏不中他计。"便下令走华容道。

行不到几里，曹操又在马上扬鞭大笑起来。众人一惊，问道："丞相又为何大笑？"

曹操笑说："人们都说周瑜、诸葛亮足智多谋，依我看，也不过

是无能之辈。要是他们在这里埋伏下一旅半师，我等岂不束手就擒了吗?"

话未说完，一声炮响，两旁跳出来500个校刀手，为首者正是大将关云长，提青龙刀，跨赤兔马，截住去路。曹军见了，亡魂丧胆，面面相觑。

曹操一看，不由叹了口气道："既然到了这一步，只有拼命决一死战了。"

这时有人提醒曹操："丞相过去有恩于他，今日不如求他放过这一关。"

曹操不禁点了点头，便对关羽提起了旧话，使关羽想起他当初的许多恩德。关羽动了心，又见曹军个个惶惶然，都哭拜于地，便长叹一声，都放了过去，然后自带人马，空手而归。

后因刘备及众将求情，军师诸葛亮免了关羽一死。

奠定蜀国

善和恶固然差之千里，但内心的真实想法和外呈的表情相貌也总不一致。

—— 诸葛亮

三气周瑜得荆州

赤壁兵败，曹操留下曹仁、徐晃镇守江陵，乐进镇守襄阳，自己则退回北方。从军事态势看，曹军在荆州处于战略防御，而孙刘联军则转入战略进攻。

周瑜、刘备率领联军沿长江乘胜向江陵进发，诸葛亮留在江夏，孙吴军屯驻柴桑，分别为刘备和周瑜的后援。

此刻，诸葛亮在江夏，一方面密切注视着江陵方面的战事，一方面思考着下一步的战略行动。

诸葛亮认为，江夏郡绝非久留之地，它靠近孙吴，如果周瑜再拿下江陵，江夏郡正好把孙吴军分成两截，处于孙吴势力的腹心地带。

孙吴是不能容下这个肉中刺的，一旦周瑜拿下荆州，孙吴军在外界压力减弱的情况下，会东西夹击拔掉这颗肉中刺。到那时候，诸葛亮等人就危险了。

然而现在又必须留在江夏，因为在这个特殊的时刻，江夏郡对于刘备发展，有着其他地方无法相比的优势。

在江夏郡的西面，只有周瑜率领的 3 万孙吴军队与曹军作战，而孙吴的大部分军力在江夏郡的东面。

诸葛亮率刘备集团主力 2 万多人驻扎此地，一旦向西南荆州方向发展，动作要比孙吴迅速得多。

赤壁大战，曹操的 30 多万大军，被孔明打得七零八落，败军只顾得向西方逃命。东吴周瑜也亲自率领大军，一路追赶，周瑜的主要目的是在攻取南郡。

周瑜渡过长江，大本营在江边刚刚扎好，刘备的代表孙乾，就带着礼物来给周瑜贺喜！周瑜一见孙乾的面，便马上问刘备现在什么地方，孙乾告诉他说刘备和孔明二人已经到油江去了，周瑜的脸上立刻露出一副吃惊的表情。

孙乾回去以后，鲁肃问周瑜："都督，刚才您听到刘备和孔明到油江去，怎么会表现得那样惊慌？"

"刘备赶到油江来，他的目的当然是想去南郡，这一定又是孔明出的坏主意，我辛辛苦苦打败了曹操，他却坐享其成，除非我周瑜死了，他休想做这个梦，让我亲自找孔明说去。"

于是，周瑜和鲁肃立刻起程到油江，表面上是答谢刘备所送的礼物。

刘备听说周瑜来了，对孔明说周瑜真懂得礼貌，刚才只送了他一点礼物，却亲自跑来道谢，孔明却摇了摇头说："哪里是什么答谢！这样一点礼物还值得周瑜亲自来答谢吗？周瑜的真正目的，无非是为了南郡的问题来探听罢了！"

孔明说完这话，稍微停顿了一下，走近刘备身边，凑到刘备的耳根，低声地说了几句话，然后高声地说："他如果提到南郡的问题，您就用我的话来应付他。"

见过刘备之后，周瑜就问道："豫州移兵到此，是不是有意要取南郡呢？"

这一切早在诸葛亮预料之中，刘备依诸葛亮之计答道："要是都督不取，我便一定要取。"

周瑜笑道："我们东吴早就想吞并汉江之地，如今南郡可以说已在手中了，怎么会不取呢？"

刘备道："胜负还说不定呢！守南郡的曹仁勇不可当，只怕都督难办啊！"

周瑜道："要是我拿不下来，到时任你们去取。"

刘备道："子敬、诸葛亮也在这里，他们可作证人，都督可不要反悔！"

鲁肃心里踌躇不定，可周瑜已经答道："大丈夫一言既出，驷马难追。"

周瑜走后，刘备抱怨着对诸葛亮说："你教我这样说，不是把南郡白白地送给了东吴了吗？"

诸葛亮笑着说道："不会的，我自有办法。"

周瑜回到营中，开始调兵遣将。命蒋钦为先锋，徐盛、丁奉为副将，带五千精锐兵马，前去攻打南郡。谁知在城外被曹仁一战打败。

甘宁领兵攻击彝陵，被曹洪围困。周瑜亲自统兵去救，才使甘宁化险为夷。吴军遂围困南郡。

后曹仁拆开曹操临走时交给的密信观看，叫军士五更造饭，天明，大小军马尽皆离城，城上遍插旌旗，虚张声势，军分三门而出。

周瑜见曹兵分三门而出，墙边虚插旌旗，无人守护，又见军士腰下各束包裹，他暗忖可能是曹兵要逃走。于是命令韩当、周泰带兵追击，亲自引人前来抢城。

周瑜率数十人进入城中，徐晃、陈矫埋伏在此，两边弓弩齐发，势如骤雨。争先入城的，都跌入陷坑内。

周瑜急勒马回时，被一箭射中左肋，翻身落马。徐晃、陈矫、牛金等将从城内杀出，周瑜被部下舍命救走。曹洪又返身杀回，吴军大败，死伤无数。

周瑜回到帐中，用铁钳子拔出箭头，将金创药敷上伤口，疼痛难当，饮食俱废，医生说："此箭头上有毒，急切不能痊愈。若怒气冲激，其疮将复发。"

程普等人只好按兵不动。

周瑜的心胸是出了名的狭窄，自从在南郡吃了曹兵一场暗算，气得死去活来。当他正在疗养箭伤的时候，当然暂停和曹兵交战。

曹仁知道他的器量狭窄，便叫士兵们天天到周瑜营门前去叫骂，骂周瑜没有出息，打了一次败仗，就龟缩到洞里不敢出战！曹仁的意思，是想趁此机会气死周瑜。

起初，周瑜只知道营门外吵吵闹闹，到底是为了什么事情，并不清楚，他的部下也不敢把实情告诉他。不久，终于让周瑜知道了，他便从病床上一跃而起，披甲上马，部将们根本劝阻不住；周瑜带着一百多个精壮骑兵，冲向曹仁兵营。

周瑜厮杀了一阵，口吐鲜血滚下马来，经人救了回来。回营后，周瑜告诉他的部将说："我这次出战是有作用的。现在，你们散播谣言，就说我因为带病出战，回来后箭伤发作，已经死去。同时叫士兵们一律戴孝，让曹仁相信我真死了，另外派十几个小兵到那边诈降引诱曹仁晚上来劫营。"

军中尽言都督箭疮大发而死，各寨奏起哀乐，军士皆披麻戴孝。

自从东吴这方面把周瑜病死的消息传到曹仁耳朵里，接着又有十几个士兵跑来投降，曹仁相信周瑜真的死了，就在当天的半夜发动劫营。

曹仁率领所有兵马出发，只留陈矫领少数军士守城，其余军兵尽起，杀向吴军大寨。只见南郡城里只剩几个老弱残兵留守，他心想这一下子，一定可以把东吴的兵马整个解决。

果然，周瑜的大本营，简直看不到半个人影，曹仁心里暗暗称喜，突然，一阵呐喊声，大批人马从大本营里冲杀出来，火把也点了起来，大地被照耀得像白天一样。

周瑜手拿着武器，直向曹仁冲杀过去。曹仁看见了周瑜，还以为是他的鬼魂出现，吓得满身冷汗，差一点儿从马上滚下。

东边韩当、蒋钦，西边周泰、潘璋，南边徐盛、丁奉，北边陈武、吕蒙一齐杀来，曹兵被围困在核心，阵势大乱，首尾不能相救，死伤无数。

黑夜里两军一团混战，一直厮杀到五更，曹兵全被瓦解。曹仁、曹洪、徐晃不敢回南郡，引败残军马投襄阳大路而行。周瑜、程普收住众军，径到南郡城下，见旌旗满布，城楼上站着一将，银盔银甲，威风凛凛，大声叫道："吾乃常山赵子龙，奉我家军师之命，已将南郡取了，都督休怪！"

周瑜大怒，下令攻城。城上箭如雨发，周瑜只好退兵，商议先去取襄阳，回头再来取南郡。忽然兵马来报："夏侯在襄阳，诸葛亮派人诈称曹仁求救，引夏侯出兵，却让关云长取了襄阳。"

周瑜闻之大叫一声，金疮迸裂。众将再三劝解，周瑜气愤地说："我不杀掉孔明，怎么能泄我心中这口怨气，程德谋可助我攻打南郡，一定要夺回南郡。"

正说话间，鲁肃来了，周瑜对他说："孔明欺人太甚，我要出兵攻打刘备和孔明，决一雌雄，复夺南郡，望子敬帮我。"

鲁肃说："不可，如今与曹操对峙，尚未分出胜负，主公现攻合肥不下，孙刘两家互相吞并，倘若曹操趁机偷袭，则危险至极。而且刘备曾与曹操有些交情，如果逼得太急，刘备投靠曹操，一同来攻打东吴，可就难办了。不如让我到刘备那边走一趟，设法说服刘备，要他将这几座城还给我们，如果他不肯，再动手也不迟。"

鲁肃遂辞别了周瑜，来到了南郡。赵云说刘备同诸葛亮一同正在荆州。鲁肃便又径直来到了荆州。

到了荆州，鲁肃看到刘备的军容整齐，士气旺盛，心中暗暗地佩服："孔明当真是一个了不起的人物！"

得知鲁肃来的消息后，诸葛亮打开城门，亲自出迎。

鲁肃说："这次曹操带领了30万的大军南下，主要的目的是进攻刘皇叔，那时，我们东吴出动大军，才救了刘皇叔。所以荆州八郡，应该归东吴所有，现在，你们却用计谋夺占了荆州，恐怕是于理不顺。"

诸葛亮笑着说："子敬是一个讲道理的人，为什么今天说出这样的话呢？正所谓'物必归主'，这荆州八郡并非是东吴的领土，而是刘表的基业，刘备乃是刘表宗族兄弟，刘表虽然死了，但是他的儿子刘琦还在，刘皇叔以叔父的身份帮助侄儿管理荆州，岂不是名正言顺。"说到这里，便让刘琦出来拜见鲁肃。

鲁肃闻言，心中吃惊，一时默默无语，待刘琦走后才说道："刘公子在一天，刘皇叔便代管一天，倘若公子去世了，荆州就必须还给东吴。"

诸葛亮自然是很高兴地同意了。

鲁肃回去后，周瑜听了鲁肃的叙述，当下气愤地责备鲁肃说："你又上了孔明的圈套了，刘琦年纪轻轻的，怎么会那么快死呢？他不死，东吴永远拿不到荆州。"

鲁肃说："我看那刘琦满脸发青，已经是病入膏肓，不过半年必死。那时候再取荆州，刘备就没有什么托词了。"

果然，鲁肃的眼光不错，刘琦就在半年之后患了肺病离开了人间。

荆州由刘备占领，孙权感到卸掉了承担西线曹兵压力的担子，另一方面又在上游悬起一把时时都可能劈下来的利剑。把荆州让给刘备的担心、不甘心的情绪，时时袭扰着孙权。

而在刘备方面，进攻的重点方向是从荆州向西、向北，向东进攻东吴则没有列入诸葛亮的"隆中对"议事日程。

因此，如何与东吴搞好关系，巩固联盟，让孙权对荆州不感到威胁、担心，是诸葛亮治理荆州时所考虑的问题之一。

鲁肃是东吴政权中颇有远见的政治家，他对与刘备联合共同抗曹有着清醒的认识和坚决的态度。诸葛亮治理荆州期间，始终与鲁肃保持着密切的关系。

孙刘没有刀兵相见，使诸葛亮顺利地夺得了江南四郡。

正在这时，人报公子刘琦病亡。诸葛亮一面料理丧事，一面派大将前去襄阳镇守。

刘备问诸葛亮："如今刘琦已死，东吴必来讨荆州，如何对答？"

诸葛亮说："若有人来，我自有言对答。"

过了半月，果然人报鲁肃前来吊丧。

鲁肃一见到孔明，立刻表示："听说刘琦不幸病故，所以周都督派我特地奔丧。"

诸葛亮心中知道鲁肃的来意，只是故意装作不知。预备上好的酒席招待鲁肃。

酒过三巡，诸葛亮始终不提归还荆州的事情，鲁肃终是忍耐不住，开口对刘备说："以前，孔明亲自承诺，如果刘琦去世，立刻把荆州归还给东吴，现在，刘琦既然去世，就请将荆州还给东吴吧！"

刘备未及回答，诸葛亮变色说道"子敬好不通理，我主人乃中山靖王之后，孝景皇帝玄孙，当今皇上之叔，岂不分茅裂土？何况刘景升乃我主之兄，弟承兄业，有何不顺？刘琦虽亡，其子、其弟犹在，尚轮不到东吴。你主乃钱塘小吏之子，素无功德于朝廷，今倚势力，占据 6 郡 80 多县，尚自贪心不足而欲并吞社土。"

"刘氏天下，我主姓刘倒无分，你主姓孙反要强争，且赤壁之战，我主多负勤劳，众将并皆用命，岂独单凭东吴主力，若非我借东南

风，周郎安能展半筹之功？江南一破，休说置二乔于铜雀台，就是公等家小，也不能保。刚才我主人没有答应，乃是以子敬为高明之士，公为什么没觉察到呢？"

一席话说得鲁肃缄口无言，过了半天才说："孔明说得不错，只不过对我来说不大好看。要我死倒没关系，只怕弄得两家不和，倒不太好。"

诸葛亮说"曹操百万大军，我们也不害怕，何况周瑜是个毛孩子，如果怕先生脸上不好看，我劝主公写个凭据，只说暂借荆州，将来我们主公得了西川再变还东吴。"

鲁肃没办法，只好答应。

于是，刘备亲自写了凭据，鲁肃签了字，保人诸葛亮也签字画押。

鲁肃回到柴桑，见到周瑜，鲁肃把借荆州的凭据拿了出来，周瑜看后顿脚说道："子敬中了诸葛亮的计。你知道他什么时候能够打下西川，如果十年打不下来，就十年不还，这个凭据又有什么用呢？如果他们长期不还，主公怪罪起来，恐怕要连累你了。"

周瑜一番话，说得鲁肃也不由担忧了起来。

过了几天，有军士报说荆州城里人都挂了孝，刘备的夫人去世了。

周瑜喜上眉梢，对鲁肃说他有一条计策，管教刘备逃不出手掌心。

周瑜对鲁肃说："刘备的夫人才死不久，我们主公孙权有一个妹妹，不但人长得非常漂亮，而且还有一身武艺，她的房间里面经常陈列着很多的兵器，她非要嫁一个有本领的人不可，所以到今天还是待字闺中。我们就以招刘备入赘为借口，等他到达时，就将他扣留下来作为人质，逼孔明拿荆州来换。"

周瑜和鲁肃商量妥当后，便由周瑜写了一封信，要鲁肃亲自送给孙权，征求孙权的同意。

孙权对于周瑜的美人计十分赞成，便挑了一个办事最牢靠的吕范到荆州去做媒。

自从甘夫人去世后，刘备昼夜烦恼。正在这时，东吴提出与他们联姻，要将吴主孙权的妹妹嫁给刘备。

当然，要到东吴去，刘备心里难免有点儿害怕。

孔明对刘备说："请不要害怕，我让赵云陪你一起去，同时，我准备了三个密封好的锦囊，遇到为难时，按着一二三号码的次序打开来，依照里面所写的办法去做就是了，请皇叔放心去吧！"

于是，刘备就带了赵云和500名军士，坐船直驶东吴。

一到东吴上了江岸，刘备就打开第一号锦囊，内容是叫500军士一齐到街上采办订婚用的猪羊礼品，并且大肆宣扬这些礼品，是刘皇叔和孙小姐结婚要用的。

立刻一传十、十传百的，传了开来，全东吴的人都说，吴侯的妹妹孙小姐就要和刘皇叔结婚了。

然后，依计刘备和赵云两人就去拜望乔国老，说明是到东吴来和孙小姐结婚的。此外什么事都不用做，只等孙家决定婚期。

孙权的母亲吴国太最喜欢她的小女儿孙小姐。乔国老是孙策的岳父，自从刘备到乔国老家里去说明来意后，第二天乔国老就去向吴国太贺喜，说："亲家，恭喜，恭喜！"

"恭喜什么？"吴国太睁大了眼睛，反问乔国老。

"昨天刘皇叔来看我，他说孙权派吕范到荆州去说媒，要把孙小姐给他做夫人，所以，他特地从荆州赶到东吴来迎娶。小姐要出嫁了，难道国太还不知道吗？"

吴国太一听，又气又恼，马上把孙权叫来询问真相，孙权一五一十地说明这件事的始末，并不是真要把妹妹嫁给刘备，只是以此为名，引诱刘备到东吴来，好向刘备索回荆州，如果刘备不还荆州，就杀掉他！并且说这不是自己的意思，而是周瑜想出来的计策。

吴国太听完孙权的报告，痛骂了孙权一顿，一面要孙权把周瑜叫来，一会儿，周瑜来见吴国太。

不等周瑜开口说话，吴国太劈头就是一顿痛骂："你做了大都督，想不出正当办法去要回荆州，却利用我的女儿玩什么美人计，拿我的女儿出丑，你们既然要把我的女儿嫁给刘皇叔，如果杀了刘皇叔，我

的女儿岂不还没出嫁，就先成了半个寡妇了。"

周瑜给吴国太骂得半天说不出话来，乔国老在一旁，觉得这件事情总应该有一个合理的解决，便劝说："刘备到东吴来迎娶孙小姐，现在闹得东吴的老百姓没有一个人不知道，倒不如将错就错，干脆就让他们结婚吧！"

"不过，他们两人的年龄不大相称吧？"吴国太有些犹豫地说道。

"年龄大点有什么关系，刘皇叔是皇亲，你的女儿嫁给刘皇叔，也是一件光荣的事情。"

乔国老说完，吴国太狠狠地向孙权和周瑜看了一眼，没好气地说："我还没见过刘皇叔，明天上午你们把刘备带到甘露寺来给我瞧瞧！我如果看得中意，就让他和我女儿成婚，如果看不中意，你们爱怎么办就怎么办吧！"

当天，孙权派吕范到甘露寺预备酒席，吕范要求孙权派300名刀斧手在寺里埋伏着，如果吴国太不喜欢刘备，当场就把刘备杀掉。孙权允诺。一面通知刘备，要他在第二天上午到甘露寺和吴国太见面。

刘备接到通知以后，就和赵云、孙乾商量，赵云认为这事情凶多吉少，决定带领500个士兵一起到甘露寺，好随时保护。

第二天，刘备穿了一套新衣服和赵云两人到了甘露寺。这时，孙权和他手下的许多谋士，都已经先在那里等候了，只有吴国太还没来。

不久，乔国老陪着吴国太来了。吴国太一见刘备相貌堂堂，心里非常高兴，便对乔国老说："刘皇叔做我的女婿，我实在太满意了！"

孙权听到吴国太这句话时，心头一愣！知道这件事情已经弄假成真了。

刘皇叔和吴国太等就一起欢饮起来，宴会中途，赵云轻轻地向刘备报告走廊旁边有刀斧手埋伏着。

刘备一听，马上走到吴国太座位旁边，跪在地下，对吴国太说："走廊旁边有好多刀斧手埋伏着，不知在这种场合里要他们干什么？"

吴国太一听，大发脾气，要孙权撤走所有的刀斧手。

第二天，刘备独自去拜访乔国老，并且说东吴有好多人想谋杀他。乔国老劝解一番以后，就去看吴国太，并且把刘备的话告诉了吴国太。

吴国太一听，就说："刘备已经是我的女婿，谁还敢再打他的主意？明天请刘皇叔搬到府里来暂住，等我选定了黄道吉日，就给他们成婚。"

乔国老走后，吴国太派人通知刘备。第二天，刘备巧妙地迁到吴国太府中安居。

刘备顺利地和孙权的妹妹结了婚，婚后夫妻感情极好。孙权看到这一出弄巧成拙的戏，便宜都给刘备占尽了，心里实在不是滋味，也开始埋怨起周瑜。

周瑜安慰道："不要紧，我还有一个办法。刘备出身贫苦，从没有享受过舒适的生活，现在他新婚不久，全部精神都放在公主身上，我们不妨再多给他一点享乐，让他一辈子沉醉在享乐的日子里，永远不想回荆州。"

"那么，不管孔明和关云长、张飞等几个人有多大本领，我们也不怕拿不回荆州！"

孙权听了，觉得很有道理，便马上派人把刘备和孙夫人住的地方，整修得非常漂亮，而且天天派人送些好吃的和好玩的东西给刘备。果然，刘备中了计，哪里还有回去的念头。孙权看到这一次的计划完全成功，非常高兴！

可是，刘备这种只贪图眼前享乐，忘记了国家大事的情形，赵云看在眼里，简直急坏了！这时，他突然想起临走的时候，孔明给他的三个锦囊，才只用了一个，现在，又临到紧急关头，于是打开第二个锦囊。

赵云打开一看，马上去见刘备。刘备这时正和孙夫人亲密地谈笑，听婢女传报赵云求见，心里很不高兴，可是又不能不接见他。

赵云装作吃惊的样子对刘备说道："今早诸葛亮派人来报，说曹操要报赤壁之恨，率精兵50万，杀奔荆州而来，情况十分危急，请主公这就回去。"

"好，让我和夫人商量一下就走。"刘备也着急起来。

"主公要和夫人商量，她一定不肯放您回去，还是偷偷地走了吧！"赵云主张偷跑。

"这可不行，你先回去。"刘备坚持和夫人商量，赵云很不高兴地走了。

刘备回到房里，一看到夫人，要走的话就又说不出。可是，一想到荆州危急，又安不下心来，不免为难起来。刘备坐在夫人旁边，不停地唉声叹气。夫人注意到有点不对劲，问道："莫非你有什么心事不成？"

"没有什么，只是年关到了，不免想起家来。"

"你不必瞒我了！刚才赵云对你讲的话，我已听到，荆州很危急！你想回去是不是？"孙夫人说破了刘备的心事。

事到如今，刘备只好实话实说道："荆州的确很危急，我不能不回去，可是，我又舍不得离开夫人你呀！"

"你不必难过，你有事情要走，我当然也跟你去，等我禀告母亲后，我们一起走就是了。"

刘备一听夫人要禀报吴国太以后才走，心想国太知道这消息后，一定会告诉孙权，孙权怎么会轻易放他回去呢？

于是，刘备就要求夫人，让他一个人回去算了，等他打退曹兵，荆州太平后，再来接夫人到荆州去同住。

孙夫人突然说道："这样办吧！再过三天，就是大年初一了，我们就在当天早上，说是要到江边去祭拜你远在北方的祖先，趁此机会，我们一走了之，你说这方法好不好？"

刘备一听，非常高兴，他们就决定等到大年初一照预定的计划行事。

刘备把赵云请了来，说明了他们的计划，并叫赵云在大年初一清早，把500军士分批预先派到江边去等着，好一起回荆州。

三天以后，就是大年初一，孙夫人对吴国太说，要陪刘备到江边去祭祖，吴国太答应了，这样小的事情国太自然没有告诉孙权知道的必要。

于是，这天大清早，刘备和孙夫人两个就悄悄地出了门，坐上车

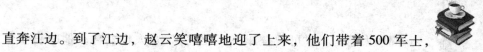

直奔江边。到了江边，赵云笑嘻嘻地迎了上来，他们带着500军士，拼命地赶路。

这天是大年初一，孙权喝了一上午的酒，烂醉如泥，躺在床上。到了晚上，有人发觉刘备和孙夫人一起逃走了，就去报告孙权，可是，孙权酒醉未醒。

第二天，孙权听说刘备走了，急忙派人追赶。刘备一行一路颠簸，前有拦截，后有追赶。

赵云这时拆开了第三个锦囊给刘备，刘备看了，忙到孙夫人车前哭告周瑜、孙权的阴谋，求夫人解难。

孙夫人听罢怒然说道："我兄既然不把我当作亲骨肉，我有什么面子再要去见他。"于是，亲自出马，与赵云挡住前后四将追赶。

后面蒋钦、周泰追来，对前面四将道："奉吴侯之命，先杀他妹，后斩刘备。"于是一同追赶，又派二将回去飞报周瑜，叫人水路去赶。

刘备等到了岸边，追兵在后尘土冲天，危急之时忽见岸边抛着篷船20只，子龙忙引刘备、孙夫人及500军士上船。只见船舱中走出一人，羽扇纶巾，笑道："主公且喜，诸葛亮在此等候多时了。"

船中扮作客人的原来都是荆州水军。刘备大喜。不多时，后面四将追赶而来，诸葛亮对岸上道："你等回去转告周郎，不要再使美人计了。"

岸上乱箭射过来，船却早已开远了，四将只好呆看。

刘备与诸葛亮正行之间，忽然江声大震，周瑜亲自带水军追来，快似流星。诸葛亮教停船上岸，车马登程。

周瑜等也追上岸来，都是步行水军，只有为首官军骑马。追到黄州界首，已望见刘备车马不远。

正赶之间，只听一声鼓响，山谷内一队刀兵拥出，为首一大将正是关羽关云长。

两军杀出，吴军大败。周瑜等溃逃，周瑜刚一掉头，山腰里又杀出一队人马，原来是黄忠、魏延奉了诸葛亮的军令，在这里等候。

好不容易，周瑜逃到了江边，正要上船却听岸上军士齐声大喊道："周郎妙计安天下，赔了夫人又折兵！"

周瑜大怒道："可再登岸决一死战！"众人忙劝住。他暗自思量道："我计没有成功，有什么脸面回去见吴侯。"大叫一声，金疮迸裂，倒在船上，众将急救，却早已不省人事。

周瑜大意失荆州，幸亏孙权的度量大，不但没有责备周瑜的失算，闹出了"赔了夫人又折兵"的笑话，还安慰周瑜，叫他不必生气，好好静养，等病好了再报仇雪恨不迟。

周瑜一直想着要报仇，见荆州之事一拖再延，刘备说要取西川，只是不动兵，便上疏孙权派鲁肃再去催。

诸葛亮知道鲁肃这次来又是为了归还荆州之事，便让刘备等鲁肃一提到荆州之事，便只管放声大哭，自己则躲避在屏风后面，静观其变。

鲁肃到来与刘备寒暄一阵之后，果然说道："我这次来一方面是为了看你，一方面还是为了荆州的问题。当初你借荆州，是我做的证人，现在，东吴一定要收回荆州，我不能不负责将荆州交还，请你把荆州还给东吴吧！我作为证人也好有个交代。"

鲁肃话说到这里，刘备已经放声大哭了起来。

鲁肃正感到莫名其妙，诸葛亮从屏风后面走了出来，一面安慰刘备，一面对鲁肃说道"西川益州刘璋是我主之弟，都是汉朝骨肉，要是去夺他的城池，怕会遭天下耻笑。若要不取，还了荆州，又无处安身，真是两难。"

刘备这时不由得又捶胸顿足，放声大哭起来，请鲁肃再容几时。鲁肃是个宽厚的长者，见此情景，只得应允，回去禀告周瑜。

周瑜听了一跺脚，说道："子敬又中诸葛亮之计！"

便叫鲁肃去告诉刘备，由东吴出兵去取西川，作为孙权之妹的嫁资给他，叫刘备交还荆州。

鲁肃道："西川那么远，取它怕是不容易啊！"

周瑜道："子敬真是老糊涂了。你以为我真的会取了西川给他？我只是以此为借口，实际上是要取荆州，且叫刘备没有提防。我们东吴兵收西川，路过荆州时，向刘备索要钱粮，刘备一定会出城劳军，那时我们就乘势杀了他，夺取荆州，雪我心头之恨。"

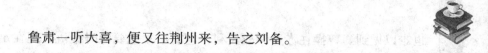

鲁肃一听大喜，便又往荆州来，告之刘备。

诸葛亮早就知道鲁肃的来意，让刘备尽管满口答应。

刘备拱手称谢道："这都是子敬好言出的力啊！雄师到来，我一定出城劳军。"

诸葛亮也道："吴侯真是好心！"鲁肃暗喜，宴后告辞。

诸葛亮对刘备道："这叫'假途灭虢'之计。虚名收川，实取荆州。'攻其不备，出其不意'。这次周瑜到来，他即便不死，也将九分无气。"

鲁肃回去后，告诉周瑜，刘备、诸葛亮满口答应了此事，周瑜便派甘宁做先锋，吕蒙、凌统做后盾，亲自与徐盛、丁奉领中军，出动水陆大军五万人，向荆州而来。

到了城下却不见动静。周瑜命军士叫门。只见城墙上插着两面白旗，没有半个人影。

周瑜大声叫道："城里可有人在？赶快开门，我们是吴军。"

城里听到有人叫门，城头上便站出一个人来，问道："谁在叫门？"

吴军马上叫道："东吴周都督亲自领兵到此，赶快开门迎接！"

忽然一声梆子响，城上军兵一齐竖起刀枪，赵云出来对周瑜道："都督之计已被我军师识破。我家主公与刘璋皆为汉室宗亲，不能背义而夺西川。"

周瑜一听，知道对方已经有了计策，拨马便回，早被诸葛亮四路人马围杀，喊声远近震动百余里，都要捉住周瑜。

周瑜大叫一声，箭疮又裂，坠下马来。左右急忙救上船去。

军士传话说："刘备、诸葛亮在前面山顶上饮酒取乐。"周瑜大怒，咬牙切齿道："你以为我周瑜取不了西川，我发誓一定取下。"便下令催军队前进。

行到巴丘，诸葛亮已派二将领军截住水路，并让人给周瑜递来一封书信，周瑜拆开看道："亮与公瑾自从柴桑一别，至今非常想念。听说足下要取西川，恐不可举。益州民强地险，完全能够自守。公瑾如今劳军远征，转运上万里路，要想收到全部功效，就是吴起、孙武

也难以做到。曹操在赤壁一战失利，岂能不立志要随时报仇？现在足下率兵远征，倘若曹操乘虚而入，江南就会全垮。事关重大，我不能不管，请足下三思而行。"

周瑜看罢，长叹一声，叫人取来纸笔，上疏吴侯。同时，把众将聚到左右，说道："我并非不想尽忠报国，无奈天命已绝。你们好好辅佐吴侯，共成大业。"说完，昏了过去。

周瑜再次醒过来时，仰天长叹一声："既生瑜，何生亮！"连叫数声而死，享年36岁。

周瑜死后，孙权遵循他的嘱托，任命鲁肃为都督，总统东吴兵马，一面发周瑜灵柩回葬。

诸葛亮在荆州，知周瑜已死，便对刘备说："我得往江东走一趟，以吊丧为由，以安抚东吴将士之心。"

刘备道："只怕东吴的将士会加害于先生。"

诸葛亮道："周瑜在时我都不怕，如今还有什么好怕的？"于是带上赵云等500军士便走了。

诸葛亮到了柴桑之后，鲁肃以礼迎接他。周瑜部将都要杀诸葛亮，因看到赵云带剑相随，不敢下手。诸葛亮教设祭物于灵前，亲自祭酒，跪在地上，口读祭文。

诸葛亮祭完，伏地大哭，泪如泉涌，哀恸不已。众将都相互说道："人人都说公瑾与诸葛亮和不来，今天看诸葛亮的祭奠之情，恐怕是人们都说错了。"

鲁肃见诸葛亮如此悲切，也十分感伤，暗暗想到："诸葛亮本来是个多情的人，而公瑾气量就过窄了，自己害了自己呀！"

鲁肃设宴款待诸葛亮，共同商议御曹之事，两家关系趋于缓和。宴罢，诸葛亮便告辞要回去了。

诸葛亮刚要下船，却见江边有个人，穿着道袍，头戴竹冠，一把抓住诸葛亮大笑道："你气死周瑜，却又来吊孝，明明是欺负东吴没有人了嘛！"

诸葛亮一看，也不由大笑起来，原来竟是凤雏先生，庞统庞士元。

两人携手一起登船，相互倾心交谈。

交谈中，诸葛亮知道庞统现在在东吴并不得意，便给庞统留下一封信，叮嘱道："我想孙仲谋必不能重用你。稍有不如意，可来荆州和我一起共同辅佐刘备。这个人宽仁厚德，一定不会辜负兄平生之所学。"

庞统答应了，和诸葛亮告别，诸葛亮回了荆州。

鲁肃在诸葛亮走后思索，刘皇叔有这样一位足智多谋的人才来帮助，对于东吴实在是一个严重的威胁，而他自己的本领却不如孔明的十分之一，为了东吴，应该再找一个多才多艺的人来协助自己。不由想起了有凤雏之名的庞统。

鲁肃便去见孙权，把自己的意思说了一遍。

第二天，孙权召见庞统，见庞统相貌长的古怪，心中不大欢喜，又见庞统说话态度显得很是骄傲，并未重用庞统。

过不多久，庞统就辞别了鲁肃，离开东吴前往荆州找刘备。临走时，鲁肃也写了一封介绍信，交给庞统带走。

诸葛亮离开柴桑，并没即刻回到荆州，而是趁着吊丧的机会，沿途到各地方巡视。

当庞统到达荆州见刘备的时候，诸葛亮还没有回来。

庞统既没有拿出鲁肃的信函也没有拿出诸葛亮的介绍信，见到刘备只弯腰做了一个揖。

刘备见他"貌陋，心中不悦"，不像诸葛亮是"身高八尺，容貌甚伟"的美男子。

诸葛亮·奠定蜀国

刘备也觉得庞统太没有礼貌，也不会有什么才能，便派庞统到乐阳县做了一个县令。

庞统到了乐阳，整天喝酒，喝醉了就睡觉。

过了十天，恰巧张飞到乐阳巡视，听老百姓说新来的县令只管喝酒睡觉，不理县政。便要治庞统耽误公务的罪名。

庞统说道："要不了半天，我就可以把10天的事情一下子办完。"说着让部属将10天的公务全部拿来。果然，不到半天统统办完了。

张飞一看，吃了一惊，回去后就告诉了刘备。

刘备看了鲁肃的推荐信，刘备才觉得懊悔，信里告诫刘备"如以貌取之，恐负所学，亦终于他人之所用，实可惜乎哉！"

恰巧诸葛亮也回到了荆州，便将庞统详细地介绍了一番，刘备听后急忙将庞统请了回来。改派为副军师，对诸葛亮柴桑之行更是大加赞赏。

取益州安邦定国

自从结识诸葛亮以来，刘备的政治生涯发生了深刻变化，他不再是盲目地四处闯荡，而是有着一步一步切实可行的战略；他不再被失败的梦魇所缠绕，而是经常品尝着胜利的甜果；他不再是一块被军阀争战的潮水冲来冲去的碎石，而是一块根深蒂固的小洲。

刘表政权中降曹派没有把他排挤出荆州，曹操的几十万大兵没有把他驱赶出荆州，孙吴的明争暗夺也没有使他失去荆州。而这一切，不能不归功于诸葛亮"隆中对"的指导。

诸葛亮帮助刘备根植于荆州。

荆州是诸葛亮的第二故乡。想当初，诸葛亮迫于战火沦为异乡游客时，荆州以它博大的胸怀接纳了他，使他结束了辗转流离的游子生活。

诸葛亮 15 岁来到荆州，34 岁时离开荆州，在这里整整度过 20 个春秋。

在这 20 年中，有十年是在隆中隐居，而这十年正是他的青年时期，是人生的黄金阶段。这里的人杰地灵，给了他知识，给了他智慧，也给了他出仕的机缘。

荆州是诸葛亮政治、军事生涯的起步之地。在这里，他遇到了理想中的明主，做出了一生中最关键、最重要的抉择。

诸葛亮在"隆中对"中为刘备集团制定了建立霸业、恢复汉室、实现统一、拯救民生的政略和战略方针。

然而，要达到这个远大的政治目标，就得首先实现跨有荆州、益州的战略计划，以实行两路出击夹攻中原的战略。

而跨有荆、益，首先的前提是据有荆州，只有占领了荆州，才能溯江西上进入益州，也才能使西进巴蜀获得坚实的战略依托。

对于诸葛亮所辅佐的刘备集团来说，没有荆州，便不能实现跨有

荆、益的计划，便不能对中原进行钳形夹击，自然也无法实现最终的政治理想。

这才是诸葛亮乃至刘备看重荆州的最深层的原因。

诸葛亮在荆州的 20 年，大体上可分三个阶段。

从兴平二年到建安十二年，是他借寓荆州和隐居隆中的时期。

从建安十二年到建安十四年，是他辅佐刘备在荆州寻求立足的时期。

从建安十四年到建安十九年诸葛亮奉刘备之命率兵入川时，是他协助刘备治理荆州的时期。

从建安十四年到建安十九年，刘备在荆州的势力和地盘经过了多次变化。

刘表在世时，刘备的势力主要局限于新野、樊城。刘表死后，刘备转而据有江夏郡。

赤壁之战后，刘备一下子占领了荆州南部长沙、零陵、桂阳、武陵四郡，地盘最大时又领有南郡。第三次重分荆州后，仍占有荆州的三个郡。

自从占领荆州南部四郡以后，刘备、诸葛亮的威名远播，随着地盘的扩大，需要管理的行政地区不断增加，对管理行政机构的人才需求也越来越多。

身为军师的诸葛亮，在协助刘备治理荆州的过程中，表现出了政治家的杰出才能。

在诸葛亮治理荆州的整整五年中。他积极网罗人才，参与荆州的人事安排，妥善处理与东吴的关系，安抚南部的少数民族，督调诸郡，调发粮赋，为此昼夜操劳。

据史书记载，刘备在荆州期间，归附刘备集团的荆州人士有黄忠、庞统、马良、陈震、丁立、蒋琬、邓方等人。

占领荆州，夺取益州，是诸葛亮在"隆中对"中描绘的三分天下宏图。只有夺取益州，刘备才能真正站稳脚跟，进而问鼎中原，"兴复汉室"。

建安十六年，一个天赐良机竟然落到刘备和诸葛亮手里。这一年，领益州牧的刘璋听说曹操将要征伐当时占据汉中即今陕西西南的张鲁，心里很紧张，汉中一失，益州也就很危险了。

这时，他手下的两员大将张松和法正就劝他道："不如将占据荆州的刘备请来攻打张鲁，占领汉中，这样就可以增强抵抗曹操的力量了。"

表面看来，赤壁一战，刘备与曹操已势不两立，刘备领兵抗曹，较之张鲁，当然力量大得多，但刘璋是一个见识浅薄、懦弱无能的人，对待事物只能观其表而不能透其里。

刘备在东汉末年的历史舞台上可谓一个风云人物，在天时、地利、人和三要素中，他早已占了两项，即天时与人和。

东汉末年，天下大乱，这恰好给了刘备施展其抱负的历史舞台，此为天时。

赤壁之战后，刘备手下已拥有一大批文臣武将，且皆刘备的患难兄弟，如诸葛亮、关羽、张飞、赵云等，此人和也。这样，刘备欲成霸王之业，所缺少的正是地利一项。

恰在此时，刘璋却主动要求刘备进川，这无异于拱手送给刘备一个天府之国，补其地利。

刘璋此举正所谓是"引狼入室、自取灭亡"。

当刘璋派法正前往荆州去请刘备时，诸葛亮闻知大喜过望，即刻促使刘备与谋士庞统先领万人大军入蜀，名曰援助刘璋，实则待机而动。

益州是个四塞险固的地方。然而，高山险阻挡不住益州地区文明发展的进程。巴蜀文明的进程，至迟可以上溯到远古传说时期。

东汉末年，诸侯割据争战，天下四分五裂，益州被刘焉、刘璋父子所占据。

但刘焉、刘璋父子都暗弱无能，明眼人早就看出他们不是益州的真正主人。

最早提出取刘璋之位而代之的是诸葛亮，最终把这种设想实现的是诸葛亮所辅佐的刘备势力。

占据益州，意味着取代益州的旧主人，而取代益州旧主人，不但

要靠机会，还要靠智慧和实力。机会肯定会有。因为当时益州的形势是："刘璋暗弱，张鲁在北，民殷国富而不知体恤，智能之士思得明君。"

占领荆州是进占益州的必要准备。只有先占有荆州，进占益州才有一个可靠的起点和根据地。所以，诸葛亮在占领和经营荆州方面花费了很大的精力。然而，若不及时占有益州，荆州便会失去其战略意义。

荆州是个战略争地，曹操、孙权、刘备都要占领荆州。曹、孙两家都有自己的战略大本营，而对刘备来说，若不占领益州，荆州只是一块孤棋。

正因为荆州是个战略争地，它不适于作刘备的政治中心，政治中心应放在益州。而且诸葛亮在"隆中对"所设想的是对中原实行两路夹击，若不占领益州，单凭荆州一路，进取中原成功的可能性微乎其微。

211年，刘备率几万人马入蜀，进驻葭萌，留诸葛亮、关羽镇守荆州。

东吴的孙权自从吃了孔明的几次大亏以后，时时不忘报仇雪耻。现在一听说刘备领兵入川，只留下一部分兵在荆州，孙权就召集文官武将，打算趁刘备不在的机会，夺取荆州。

这时，有一个名叫顾雍的人，向孙权提出建议："刘备既然到西川，一时要想返回荆州，不但路远，而且又都是山路，并不是件容易的事情。我们不如派一部分军队，去截断刘备从西川回荆州的归路，再出动大军，去攻打荆州和襄阳。"

"这样，不管孔明、关云长有多大本领，我们一定可以打得他们落花流水，不但可以夺回荆州，还可以占领襄阳等地，这正是我们报仇雪耻、收回失地的最好时机！"

顾雍说完，在座的文官武将一致赞成，连孙权也认为此计大妙："好，我们开始行动！"

孙权刚说完，忽然从屏风后面走出一个老太太，大声地嚷起来："这是谁出的混账主意，把他拖出去杀了！这不是摆明了要杀害我

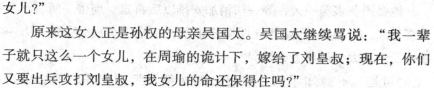

女儿?"

原来这女人正是孙权的母亲吴国太。吴国太继续骂说:"我一辈子就只这么一个女儿,在周瑜的诡计下,嫁给了刘皇叔;现在,你们又要出兵攻打刘皇叔,我女儿的命还保得住吗?"

孙权一听,马上跪下来认错,说道:"我绝不用这缺德的诡计。"

孙权说完,又把文武百官骂了出去,吴国太这才气愤地回到自己房里。

事后,孙权心里非常懊恼,他的部下张昭知道孙权的心事,便去见孙权,贡献一个新的计划。

他在没有说出计划以前,先试探说:"主公的面色,近日来似乎不大好看!"

孙权沮丧地说道:"是啊!都是为了出兵荆、襄的问题。"

"这事容易!主公不妨派一个可靠的人,带领 500 个军士,偷偷地到荆州去,送一封密函给公主,只说国太病重,要见女儿一面,叫公主马上回来,同时叫公主把刘备的独生子阿斗也带来,将来好叫刘备拿荆州来换回他的儿子。这样,不但不用出兵,荆州可以收回,对于国太也有了交代。即使刘备不肯拿荆州交换阿斗,到那时再出兵,国太也不会反对。"

孙权一听,觉得这计划真是妥善极了,绝不会引起国太的反对,而且也有成功的把握,便决定派极富胆识的武将周善到荆州去。

于是,孙权连夜假造一封国书,交周善带去,国书的大意是,国太病危,要公主火速回来。

第二天清早,周善就带领着 500 个化装为商人的军士,从水路秘密到荆州去了。

周善到了荆州,见到孙夫人,就把国书交给孙夫人,一面流着泪说,国太的病已经没有希望了,嘴里不断地叫着公主的名字,无论如何公主应该立刻动身回去,好跟国太见最后一面,而且要把阿斗也带去,免得阿斗没有人照料。

孙夫人一听,当然急得要回去,不过,她认为刘皇叔不在家,总得通知军师孔明一声才可以走。

她要周善多等一天，等一切稍加安排以后再走。周善一听，不免着慌起来，对孙夫人说："孔明要知道了，一定不会放公主的，万一来不及见国太，那可怎么好呢？"

"可是，不通知军师，江面上到处都是荆州水军，怎么走得了呢？"

"那没关系，我带了 500 军士来，不必担心。"

周善这样一说，孙夫人也就答应了。她马上换好衣服，抱着阿斗，乘车来到江边。

正要开船的时候，忽然岸上有人大呼："等一等！我们特地来给夫人送行！"

周善一看，认得那人正是赵云，不免吃了一惊，急忙解缆开船。

原来，赵云正在江边巡逻，听到这个消息大吃一惊，立刻前来阻止，不料，周善的船还是开了，赵云只好跳上一艘渔船，拼命地追赶。

当赵云的渔船赶上孙夫人的座船时，周善从船舱里站了出来，下令放箭。

赵云取来长枪，长抢撩处，支支乱箭都应声落到水里，这时，赵云取下挂在腰际的青龙剑，纵身一跳，落到孙夫人的座船，东吴军士个个都给吓倒了，没有人敢动一下，连周善也呆住了。

赵云到了船舱里，只见孙夫人怀里抱着阿斗，他正想开口，孙夫人却先怒气冲冲地责问："你来干什么？"

"夫人要走，应该先让军师知道。"赵云向孙夫人问道。

孙夫人有些气恼的说道："我母亲病得很危险，来不及通知军师。"

赵云指着孙夫人怀中的阿斗问道："那么，夫人为什么要把小主人阿斗也带走？"

"阿斗是我的儿子，我不带去，谁来照料他？"

"夫人应该知道，皇叔这么大年纪了，只有这一个孩子，再说，小主人还是我当年在长坂坡，从百万敌军的包围中救出来的。夫人真要走，我不敢阻拦，可是，请把小主人留下！"

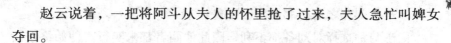
赵云说着，一把将阿斗从夫人的怀里抢了过来，夫人急忙叫婢女夺回。

这时，周善在船尾把舵，自然分不开身和赵云拼命。

赵云左手抱着阿斗，右手提着青龙剑，站在船头上。风顺水急，船飞也似的向东直驶。赵云来时所乘的渔船，早已漂走，赵云无法下船。

忽然，下游一条小水道内涌出十多艘船，船上旗帜飞扬，鼓声雷动，赵云心里不免着急起来，他想一定是东吴派来接应的军队。

当那些船驶到眼前，只见船头上站着一员大将，手里提着一支长矛，大声地嚷着："嫂嫂留下侄儿来！"

赵云一听到这种粗犷的声音，就知道对面的来船，并不是东吴水军，而是猛将张飞。

原来，张飞在外面巡视时，也听到了这个惊人的消息，马上驾着快船，到下游来拦截。

张飞等到自己的船一靠近孙夫人的座船，一脚跳了过去，周善提着刀迎面而上，张飞眼明手快，一刀就把周善的脑袋砍了下来。

孙夫人一看张飞杀了周善，便指责张飞说："叔叔。你为什么随便杀人？"

"嫂嫂没有跟哥哥讲好，随便私自回去，难道还有道理吗？"张飞说话时一点也不客气。

孙夫人知道，碰上了粗野的张飞，再商量也没有用，便以死来威吓："你们不放我回去，我就跳江！"

赵云一听，就和张飞商量，如果真的逼死了夫人，也对不起刘皇叔；就带着阿斗上了张飞的船，放夫人一个人回东吴去了。

赵云和张飞的船一路直返荆州。到了半路，和孔明来接应的大队船只在江中相遇，孔明知道已把阿斗夺了回来，也就放心了。

刘备率军一到涪城，即今四川绵阳即受到刘璋的亲自迎接。这时刘备面临两种选择。

一是听取刘璋手下张松、法正的建议，立即突袭刘璋，取而代之。

二是应刘璋之请，北上出击张鲁。

由于两种选择对刘备都不利，因此他两者都未实行。他始终按诸葛亮的意图行事，先按兵不动，以观其变。

刘备把军队驻扎于葭萌关即今四川广元一带，边观察边做一些笼络人心的事情。

第二年，远在蜀地的刘备听说曹操又出兵进攻孙权，便欲东归救吴。

刘备在葭萌关接到诸葛亮的来信，知道孙夫人已经回吴，曹操又出兵攻打孙权，感到荆州还会受到威胁。如果孙权得胜，要来攻打荆州，如果曹操得胜，也要来攻打荆州。便和副军师庞统商量，决定向刘璋要求派兵三万，粮食十万斛的帮助，等到这些东西弄到手，再做打算。

刘备写了信去，刘璋听从杨怀、刘巴的话，答应给老弱军士4000人、米一万斛。

刘备非常生气，决心和刘璋决裂。庞统乘机表示有三条计策，让刘备选择一条行事。

刘备问："哪三条？"

庞统说："连夜攻成都，这是上计；

假说回荆州，杨怀、高沛必来送行，就此杀了他俩，先取涪城，然后再攻成都，这是中计；

退还白帝城，连夜回荆州，这是下策。"

刘备选择了中计。于是，写信骗刘璋，说是曹操来攻荆州，需立即回去迎敌，因为时间紧急，来不及当面会晤，只好特写信辞行。

信到成都，张松听到这个消息，以为刘备真的要走，马上写信给刘备，劝他放弃这个打算，火速攻打成都。

不料这封信被他哥哥张肃无意中看到，便向刘璋告发。刘璋抓来张松对他说："我待你不错，为何竟然反叛？"

一怒之下，便把张松杀了。一面下令各守关将领严防刘备，不许荆州一人一骑入川。

刘备提兵回到涪城，用庞统的计策，杀了杨怀、高沛，取了涪城。

刘璋听到消息，立即令冷苞、张任、邓贤等带领五万大军来雒县敌住刘备，双方展开激战，邓贤、冷苞被杀。

失败的消息传到成都，刘璋又派吴懿、吴兰、雷同率领二万兵马来雒县助战。

论实力，刘璋不是刘备的对手，不久，刘璋的大多数将领都投降了刘备。

然而，天有不测风云，在攻打雒城即今四川广汉北战斗中，刘备的主要谋士庞统不幸阵亡，这使刘备顿感实力不济。

为此，刘备遣人回荆州送信给诸葛亮。

诸葛亮得到书信，知道好友庞统被杀之后，放声大哭，对众人说道："我们主公又失去一条臂膀呀！"

诸葛亮清楚地知道，刘备已经陷入到了进退两难的境地。经过近百日的消耗，刘备前期顺利进军所获的物资已经所剩不多了。川中危急，唯一的办法，就是改变重兵守荆州，轻军入蜀的策略。从荆州调重兵援助刘备攻打益州。

派谁去援助刘备，谁留下镇守荆州，这是诸葛亮必须要慎重处理的重要问题。

本来，诸葛亮应当与张飞、赵云等留守荆州，而让关羽率援军入蜀。刘备有雄才，关羽骁勇过人，再加上法正足智多谋，可以取得益州。

但前方的形势千变万化，稍有不慎，刘备有全军覆没的可能。法正虽有谋略，但心底过于狭窄，怕的是难当此任，想来想去，自己必须尽快入川。

张飞是员猛将，雄壮威猛，不亚于关羽，但敬爱君子而不体恤小人，经常打骂士兵，连刘备也担心他早晚会出问题，把荆州交给他，诸葛亮显然不放心。

赵云倒是有勇有谋，办事精细谨慎，但诸葛亮在与他的接触中，从言谈话语中感到他对两路夹击中原的钳形攻势似乎有看法。

赵云认为荆州是曹、孙、刘三方攻战的焦点，不如去开拓益州根

诸葛亮·奠定蜀国

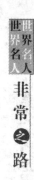
据地。

诸葛亮主张让人才去做自己理解的事，更利于发挥他们的积极性和主动性，这样只有让赵云随自己入蜀，比他镇守荆州更有利。

留守荆州，最合适的人选只能是关羽。

关羽的武勇和忠义在曹军中有很大影响。他的勇武，使曹、吴不敢轻视荆州，他的忠义，保证了他不会背叛刘备。

早在建安五年，刘备被曹操打败，关羽被曹操生擒。曹操任命他为偏将军，礼之甚厚。那时候，曹操正与袁绍对峙于官渡。袁绍派遣大将颜良进攻白马即今河南浚县东南，曹操派张辽和关羽为先锋进击颜良。

关羽望见颜良麾盖，"策马刺良于万众之中，斩其首还，绍诸将莫能当者。遂解白马围"。

曹军将士亲眼目睹了关羽的武勇与威风。

后来，关羽知道了刘备在袁绍军中，准备离开曹操返回刘备身边。

曹操察觉后，对他重加赏赐，企图留住他。而关羽把所有赐品尽数封存留下，又写了一封告辞的书信，然后去投奔在袁绍军中的刘备。

曹操的左右还想追击，曹操说："彼各为其主，勿追也。"关羽的重于情义，给曹操留下了深刻的印象。

由于与曹操打交道多，关羽与曹军中许多大将的关系很好。例如当曹操察觉到关羽要离开他时，便派张辽前去试探。

张辽见到关羽，问及去留之事，关羽说："吾极知曹公待我厚，然吾受刘将军厚恩，誓以共死，不可背之。吾终不留，吾要当立效以报曹公乃去。"

张辽探明了关羽的真情后，感到很为难。向曹操报告吧！恐怕他杀了关羽，不报告实情，又有背于事君之道。

张辽犹豫再三，最后叹道："公，君父也；羽，兄弟耳。"还是说了实情。

诸葛亮经营荆州在人事安排时，就让关羽任襄阳太守，驻扎在江

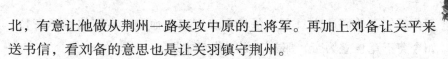

北，有意让他做从荆州一路夹攻中原的上将军。再加上刘备让关平来送书信，看刘备的意思也是让关羽镇守荆州。

建安十八年，诸葛亮留关羽守荆州，带领张飞、赵云等占领巴东等郡县。

建安十九年夏，刘备拥重兵直逼成都城下，围城数十日后，刘璋迫于形势只得开城投降了。

刘备占据益州后，自称益州牧，诸葛亮被拜为军师将军，兼益州太守，至此，诸葛亮在"隆中对"中提出的"跨有荆、益"的目标终于实现了，三国鼎立中的蜀汉国的雏形直到此时才真正显现出来。

215年，曹操西进消灭了西北部的马超、韩遂主力，随即便乘胜进军陕南汉中，迫使割据汉中的张鲁投降了。

这样一来，刚站稳脚跟的刘备又感到了曹操的威胁。虽然占据汉中后，曹操由于对整个战局的考虑，没有再进一步南下入蜀，只派大将夏侯渊等把守汉中这块重要的前沿阵地，但刘备却深知唇亡齿寒之理，不夺回汉中，益州将难以安定。

为此，建安二十二年底，他听取了法正的意见，趁曹操已回中原之机，他亲统大军进兵汉中，让诸葛亮留守益州，及时给前线补充粮饷兵员。

当年汉中王刘邦出兵关中时，萧何即留守汉中，掌握着整个后方及军需供应，从而保证了刘邦军事上的胜利。几百年后，刘备也学汉高祖那样，将自己最信得过的人留在后方作后盾，以保证军事上的成功。

事实证明，诸葛亮在镇守后方、调拨物资兵力、及时支援前线的能力的确不亚于当年的萧何。

当刘备与夏侯渊激战于汉中并相持不下时，是诸葛亮及时从益州补充了大批兵员，终于使刘备大败曹军，杀其猛将夏侯渊，占领了汉中。

建安二十五年，曹操病逝，其子曹丕即位魏王，并于该年十月代汉称帝，改国号为"魏"，改元"黄初"。

曹丕废汉献帝而自立为皇帝，此举使身处益州的刘备和广大官兵

万分震怒，他们认为只有刘备具有汉家宗室血统，有资格继承王位，如今曹丕竟自立为帝，那刘备更应称帝才是。

由此，诸葛亮等文武百官共同上疏，请求刘备称帝。

最后，刘备以"天命不可以不答，祖业不可以久替，四海不可以无主"为由，也于221年在成都称帝，即皇帝位，国号仍为"汉"，史称"蜀汉"，改元"章武"，立长子刘禅为太子，拜诸葛亮为丞相，总理国务大事。

从此，三国鼎立之中已有魏、蜀两家称帝。诸葛亮作为蜀汉国的开国丞相，挑起了定国安邦的历史重任。

八阵图智退陆逊

孙权想用阿斗换回荆州的计划失败后，终日耿耿于怀。

这时，大臣张昭又想出了一个收回荆州的计划，他认为诸葛瑾是诸葛孔明的亲哥哥。

把诸葛瑾全家老小统统扣押起来，然后叫诸葛瑾一个人到西川，向孔明索取荆州，就还怕他们不还荆州。

孙权一听，认为这计策的确很好。于是，孙权就把诸葛瑾的家眷拘禁起来，一面写了一封信，叫诸葛瑾带到西川。

诸葛瑾到了西川的成都，刘备听说诸葛瑾来了，就问孔明："令兄到成都来，不知为了什么事情？"

孔明笑着说道："还不是来讨荆州的。"

孔明立即到城外去迎接诸葛瑾，孔明见了哥哥后，并不把哥哥带到家里，却先带他去见刘备。一路上，兄弟二人还谈不到几句，诸葛瑾就放声大哭起来。

诸葛亮赶忙问道："兄长有什么事情可以明明白白地说出来，不要哭！"

诸葛瑾哭着说道："我的全家人都被吴侯给扣了下来。"

诸葛亮含着眼泪说道："就因为我们不还荆州给东吴，就扣押了你全家老小吗？你放心，我有办法把荆州还给东吴。"

诸葛瑾听了孔明的这番话，止住了哭声。诸葛亮带着他见了刘备。诸葛瑾把孙权交给他带来的信，当面交给刘备。

刘备看完信，立刻大怒道："孙权把他的妹妹嫁给了我，却又趁我不在的时候，把他的妹妹骗了回去！我为了这件事，正要带川兵杀到东吴！他倒先来向我要荆州！"

孔明看刘备大发脾气，于是向刘备哀求道："孙权把我哥哥全家老小都扣押起来，倘使我们不还荆州，我哥哥全家老小性命就难保

了！我哥哥一死，我怎么活得下去？所以，请你看在我的面上，把荆州还给东吴吧！"

可是，刘备无论如何不肯答应，经孔明再三地哀求，最后才让步说："看在军师的面上，我把长沙、零陵、桂阳三郡交还给东吴。"

孔明这才高兴地说道："如此，就请写信通知关云长，好让他把这三郡交还给东吴。"

诸葛瑾带了一封刘备写给关云长的信，高高兴兴地回去了。可是，并不直接回东吴，却到荆州向关云长要三郡去了。

关云长看了刘备给他的信，当着诸葛瑾的面大发脾气，说道："现在的天下是汉家的天下，汉家姓刘，皇叔也姓刘，姓刘的人难道不应该管理刘家的地方吗？尽管皇叔客气，要我把荆州的一半还给东吴，我姓关的却不答应！"

诸葛瑾一听，便向关云长苦苦哀求。

关云长只是不允，抽出腰际的宝剑在诸葛瑾眼前晃着。

诸葛瑾一看情形不对，急忙走了出来，上船又回到西川。

诸葛瑾到了成都，就去找孔明，但是，孔明出巡去了。诸葛瑾只好直接去找刘备，对刘备诉说关云长如何的不讲理，刘备听了，安慰说："关云长的脾气，连我也怕他三分。"

刘备只好让诸葛瑾不要着急，等他收服了东川，把关云长调到东川去，再把三郡交还给东吴就是。

诸葛瑾听了，只好返回东吴，把事情的经过，详详细细报告了一遍。孙权和鲁肃听了，知道又上了孔明的圈套，只是叫诸葛瑾转了一个圈子。

孙权当然大不高兴，派了三批人马到荆州去接收长沙三郡。可是，没有几天，三批人马全给关云长赶了回来。孙权大怒，决定要向荆州进兵，和关云长决一死战！

鲁肃一听，觉得这时出兵荆州没有把握，倒不如先想一个巧妙的方法制伏关云长。

于是，向孙权建议派出一批兵马在陆口等候着，请关云长亲自到陆口来会商。

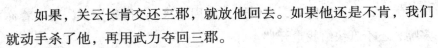

如果，关云长肯交还三郡，就放他回去。如果他还是不肯，我们就动手杀了他，再用武力夺回三郡。

孙权认为鲁肃的建议非常可靠，就派了吕蒙、甘宁两个将军带了兵马，在陆口事先布置好阵势。

鲁肃也在陆口，办好酒席，订好日子，发了请帖，请关云长来喝酒。

关云长接到鲁肃的请帖，就对送请帖的人说："明天上午我一定到，你回去报告鲁肃好了。"

旁边的儿子关平急忙说道："鲁肃请您去喝酒，绝不怀好意，您为什么轻率地答应呢？"

关云长笑着说："我也知道，这一定是孙权和鲁肃商量出来的办法，我如果不去，他们一定笑我胆小，所以，我决定去！"

一旁的大将马良也上前劝阻，但关云长依然是执意去"单刀赴会"。

第二天上午，鲁肃在江边等候关云长，不一会儿，果然江面上出现一条船，船上挂着一面写着"关"字的红旗，迎风招展。

船慢慢驶向岸边，只见关云长穿着一身便服，背后站着一个手执大刀的周仓和七八个挂着腰刀的关西大汉。

鲁肃看到只带了这几个人，心里不禁非常惊奇，未曾想，关云长竟是这样勇猛。

关云长登岸后，鲁肃接他进亭子里休息，寒暄一阵之后，便摆出酒席，喝起酒来，虽然鲁肃不断地举杯敬酒，可是，始终不敢正眼看着关云长。

酒过三巡，鲁肃提到了荆州的问题。关云长只是向鲁肃敬酒，说道："今天，我们只管喝酒，不谈其他的事情。"

但过了一会儿，鲁肃又说起了荆州的事情，关云长笑着说道："这事只有刘皇叔自己才能解决，对我说也没有什么用。"

这时，站在阶下的周仓拿着大刀，早已听得不耐烦起来，便大声吼了起来："谁说荆州是东吴的？汉家的土地交给刘皇叔管理。"

关云长一听，马上变了脸色，站了起来，走到阶下，夺过周仓手

里的大刀，站在庭院中，气愤地骂起周仓来："国家大事，用不着你多嘴，还不赶快给我走开！"

周仓听了，领会到关云长话中的含义，马上跑到江边，把红旗高举在空中，摇了几下，关平率领在江心待命的十艘船，一看见红旗晃动，马上开到江东来。

关云长看鲁肃的说话态度，知道已经到了十分严重的地步，他骂了周仓一顿以后，马上右手提着大刀，左手握住鲁肃的手，假装喝醉了酒，对鲁肃说："今天是你请我来喝酒的，请你不要再提荆州的事，否则我可会做出对不起老兄的事。过一两天，我还要请老兄到荆州喝酒呢！"

鲁肃被关云长紧紧地拉着，脱不得身，吓得脸色都变了，就被关云长给拉到了江边。

而埋伏一旁的甘宁和吕蒙正要动手杀关云长，却见关云长一手提刀一手拉着鲁肃，他们恐怕鲁肃吃亏，当时就没敢动手！

关云长到了江边，上船的时候，才放了鲁肃的手。一放手，关云长就跳上了船，站在船头上和鲁肃作别。

这时鲁肃早已吓得魂飞魄散，呆呆地看着关云长的船逐渐远去了。

鲁肃回到东吴，把当时这番情形报告了孙权，孙权一听，认为关云长太狡猾，太不讲道理，就决定出兵和关云长拼一个高低。

但是，正当这时有人来报告，曹操又带了40万人马，打到东吴来了。

孙权也只好暂时取消出兵荆州的计划，把全部力量用来抵抗曹操去了。

益州乃中国西南部地区，地域虽广，但山高谷深，交通不便，从春秋战国至秦汉以来，这个地区在经济上较之中原地区来说，一直要落后一些，尤其在它的南部，居住着大量的少数民族，跟中原的联系很少，其经济也就更不发达了。

因此，治理益州，发展经济，成为诸葛亮巩固刘备取得的新政权的首要任务。

在这方面，诸葛亮充分发挥了他的治国安邦之才。作为刘备的军师，刘备的所有治国之策实际上皆出自诸葛亮之手，刘备对诸葛亮非常尊重，可说是言听计从，从不乱予否定。

故此，诸葛亮对刘备也就忠心辅佐，至死报答刘备的信任和知遇之恩。

夺取益州后，诸葛亮励行法治，帮助刘备整顿长期以来益州地区混乱、松弛的社会秩序。

诸葛亮执法严明，赏罚分明，"无恶不惩，无善不显"，在他的治理下，益州社会秩序明显好转。

史书上记载说，经诸葛亮的治理经营，益州之地变成了一块"吏不容奸，人怀自厉，道不拾遗，强不凌弱"的好地方，整个社会"风化肃然"。

对此，诸葛亮曾遭到一些人的反对，如曾帮刘备夺取了益州的刘璋旧部法正即对法治不满，他对诸葛亮说："从汉高祖入关，也不过约法三章而已，刘公刚占有益州，对百姓没有什么恩德；再说，你们都是外来人，按主客关系来讲，也应把政令放得宽一些，使大家安心。"

法正提到刘邦当年推翻暴秦后把秦王朝的一切政令全废了，只宣布了三条法令：杀人者死，伤人者刑，盗窃者抵罪。刘邦的"约法三章"在秦王朝多年暴政后的确是对老百姓的一种解放，那么，这种历史的经验是否只能不变地搬用呢？

对此，诸葛亮分析得十分透彻，对法正晓之以理。他说当年秦王朝无道，用严酷法令压迫广大人民，老百姓怨声载道，那么刘邦的约法三章当然正得其时。

然而现在情况恰好相反，刘璋治益，一直法令松弛，致使很多豪强放纵不法，因此严肃法纪，整顿秩序，这才是现在治国所需要的。

彼时的放松和此时的从严，皆实际需要使然。诸葛亮借古而不食古，治国有法，安邦有道，以此可见一斑。

正当关羽在襄樊前线节节取胜之时，作为盟友的孙吴却暗暗拔出了捅向关羽后背的利刃。

孙吴占有荆州全部的欲望由来已久，并不以与刘备最后一次划分荆州取得荆州三郡为满足。看着刘备跨有荆、益二州，力量不断发展壮大，孙权对当初让刘备驻进南郡懊悔不已。

如果不让他驻进南郡，刘备始终被堵在长江以南，没有长江通道，刘备便无由西进益州，关羽也无法北进襄樊。

如今，不但北有强大的曹操，西部又崛起一个势力越来越大的刘备。想到这里，孙权不禁心中埋怨起死去的鲁肃来，让刘备进驻南郡，正是鲁肃的主张，这毕竟是他的一个短处。

这时，接替鲁肃镇守陆口的是大将吕蒙。原来鲁肃的一万多人马转归吕蒙所领，此外，鲁肃的奉邑下隽、刘阳、汉昌、州陵四县也归吕蒙享有。

吕蒙这个人不同于鲁肃，很早就对刘备怀有戒心，特别是刘备进驻南郡后，他一直在琢磨怎样对付刘备。

鲁肃代周瑜屯住陆口，曾路过吕蒙的驻地。当时吕蒙是个武将，鲁肃意尚轻之，不打算去拜访他。

有人劝鲁肃说："吕将军功名日显，不可以用过去的眼光看待他，君宜顾之。"

于是，鲁肃便前往拜访。席间，吕蒙问鲁肃："您现在身负重任，与关羽为邻，有什么策略以防不测呢？"

鲁肃没有准备，应付说："到时根据情况，再采取适当的办法吧！"

吕蒙说："那怎么行。如今我们和刘备虽然结成同盟，但关羽实为熊虎之人，怎能不事先想好对付的办法呢？"

从这件事可以看出，吕蒙一直对刘备心怀警戒。

吕蒙代鲁肃以后，便开始改变鲁肃的方针。鲁肃认为曹操尚存，祸难始构，应与刘备互相辅助，同心协力对付强敌，不能与之失去和气。

吕蒙认为，关羽勇猛无敌，只能先麻痹他，趁其不备而袭取之。所以，吕蒙上任后，表面上似乎比鲁肃对关羽还要热情友好，与关羽的关系非常融洽。

尽管如此，关羽在北征襄樊之时，也没有忘记必要的防御部署。当时，关羽只带了一部分兵马北上，留在南郡、公安等地的兵力不在少数。

吕蒙见此情况，便秘密上奏孙权说："关羽进攻樊城而留下许多兵将在后方防守，是害怕我乘虚攻取他的后方。我现在身体不好，请允许我以治疗修养为名，带一部分兵力回建业。关羽听说后，就会对后方特别放心了，必会抽调后方防御兵力加强襄樊前线。到那时我们再派大军乘船溯江西上，对关羽空虚的后方发动袭击，一定会夺取南郡，擒获关羽。"

孙权准奏之后，吕蒙秘密出兵3万，先调拨快船80多条，选择会水的士兵扮成商人，穿了白衣裳，把精锐士兵埋伏在战船里，沿着浔阳江直奔北岸。

经过关羽部署建造的烽火台时，士兵盘问，吕蒙的部下假装说："我们是做生意的。"同时将金钱什物送给守兵，于是所有船只便得以停靠岸边。

晚上，80多船精兵一齐杀出，把守烽火台的士兵统统捉住，捆在船里。到了荆州，才放出来，要他们去叫开城门。荆州守军，见是自己人，真的开了城门，吕蒙的兵马一拥而入，攻占了荆州。

过了几天，孙权来到荆州，派虞翻去劝说糜芳、傅士仁投降。糜芳、傅士仁就投降了孙权。

关羽因与曹操作战，臂上中箭，箭伤未愈，又和徐晃战了八十多个回合，虽武艺绝伦，终是右臂少力。关平恐父亲有失，火急鸣金，关羽拨马回寨。

朝襄阳奔走，路上得到荆州、南郡、公安各地都已失守的消息，气急之下，昏倒在地。众部下急忙救醒，派人连夜到成都求援，一面改向荆州进发。

一路之上受到曹操兵士的不断击杀，只好败走麦城。

关羽被困在麦城，手下只有五六百人，多半病倒，城中又缺乏粮草，很是困难。一天，有人叫开城门求见，原来是东吴的诸葛瑾，来劝关羽投降，被关羽回绝。

诸葛瑾如实回报孙权，孙权即命吕蒙定计活捉关羽。

最后，关羽在和关平向西川突围的时候，被伏兵抓获，因不向孙权投降，同关平一起于建安二十四年冬十二月遇害，当时关羽58岁。

听到关羽被杀的消息后，刘备大叫一声，昏厥于地。众文武相救，半晌才醒转过来。

诸葛亮上前劝慰，刘备说："我与关、张二弟桃园结义，誓同生死，如今云长已去，我岂能一个人独享富贵。"言罢，又是一阵伤心痛哭。

张飞听说关羽被东吴杀害了，日夜痛哭，部下用酒食劝慰，酒醉了气头更大，部下有犯错误的就鞭打，有的甚至被打死。每天向着东方咬牙切齿，睁大眼睛放声大哭。

一天，他听到成都有人主张先攻魏，后攻吴的消息，便气冲冲地跑回成都，抱着刘备大哭说："哥哥做了皇帝，竟忘了过去桃园结义的誓言。二哥的仇，为何不报？"

刘备说："很多官员劝阻，还没最后决定。"

张飞说"如果哥哥不去，我愿意豁出这条命，替二哥报仇！"

刘备要替关羽报仇的打算，经诸葛亮等人几次劝说，已经有点动摇，被张飞这么一说，又下了决心立即让张飞回阆中出兵，在江州同他亲自率领的大队人马会师，东下攻吴。

诸葛亮等大臣极力劝阻，刘备皆不听劝。

张飞回到阆中，要部下三天内做好白旗白甲。第二天，部下范疆、张达回报："白旗白甲，一时来不及，需放宽期限。"

张飞非常生气，将两人鞭打了一顿。这天晚上，这两人趁着张飞酒醉，手持短刃，密入张飞帐中，割了张飞首级，逃奔到了东吴。

当时，刘备已择期出师。大小官僚，皆随孔明送十里方回。孔明至成都，怏怏不乐，对众官说道："法孝直若在，必能制主公东行也。"

刘备在行军途中，接到张飞遇害的消息，更加悲痛，报仇之心也更迫切。

这时，张飞的儿子张苞，关羽的儿子关兴，一齐来见刘备，都说："愿随伯父出征，替父亲报仇。"

刘备驻扎白帝城即今重庆奉节，孙权派诸葛瑾来和解，被刘备严词拒绝。孙权见刘备来势汹汹就投降了曹丕，但并未得到曹丕的救援。

当刘备领兵进抵相亭，即今湖北宜都后，竟在沿江谷地700里的范围内相继安营扎寨，这种长龙式的安营法明显犯了兵家之大忌，是很容易被敌方截断而围杀的。

结果，东吴大将陆逊果然瞅准其弱点，采用火攻，火烧蜀军联营。刘备大败，几乎全军覆没，连夜逃到白帝城。

陆逊大获全胜，领得胜之兵又往西追。前面离夔关不远，陆逊在马上望见临江的山边有一阵杀气冲天而起，料定有埋伏，下令倒退十多里，又差人去哨探，回报并没有军队屯扎在那里。

陆逊不信，登高一望，杀气又起，便令人再去打探。回报说前面确实并无一人一马。

陆逊看到太阳快要落山，杀气更胜了，心中犹豫，让心腹之人再去探看。回报说：江边只有乱石八九十堆，并无人马。陆逊大惑不解，命令找当地土著人来问。不久，找来几个人。

陆逊问："是什么人把那些乱石堆在这里的？为什么乱石堆中会有杀气冲起？"

土人说："这个地方叫作鱼腹浦。诸葛亮入川的时候派兵在这里，用石头排成阵。从那以后，这里便常有气如云从中生起。"

陆逊听罢，便带十几个人来看石阵，立马在山坡之上，只见四面八方，全都有门有户。陆逊笑道："这不过是迷惑人的魔术罢了，有什么用呢？"于是便带着几个人纵马下山，一直进到石阵里来观看。

陆逊手下的部将道："天快黑了，请都督早些回去吧！"

陆逊刚要出阵，忽然狂风大作，一霎间，飞沙走石，遮天盖地，只见怪石嵯峨，横沙立土，江声浪涌。

陆逊大惊道："中了诸葛亮之计！"急忙想要返回时，却无路可走。

正惊疑之间，忽见一位长者出现在马前，笑着说道："将军想要

出这个阵吗？"

陆逊道："请长者带我们出去。"

老人拄着拐杖慢慢往前走去，径直走出了石阵，并没有遇上阻碍，送到山坡上，陆逊问："长者是谁？"

老人答道："老夫乃是诸葛亮的岳父黄承彦。当初小婿入川的时候，在这里布下了石阵，叫作'八阵图'。他临走时嘱咐我说：'今后要是有东吴大将迷困于阵中，不要带他出来。'老夫平生好善，不忍看将军陷在这里，因此特地从生门引你出来。"

陆逊问："公曾学过这个阵法吗？"

黄承彦道："变化无穷，无法学也。"

失败的痛苦和不悦，使刘备不久即病倒了，而且病情一天天加重。

刘备知道自己的病难以治好，便派人日夜兼程赶到成都，请诸葛亮来嘱托后事。

诸葛亮留太子刘禅守驻成都，带刘备的另外两个儿子刘永、刘理来到白帝城，进了永安宫，看到刘备病得不成样子，慌忙拜倒在刘备榻前。

刘备叫诸葛亮坐在旁边，用手摸着他的肩背说："自从得了丞相，我发展了自己的事业，只是由于知识浅薄，没听丞相的话，遭到今天的失败，实在后悔万分。看来我这病是难好了，我儿子能力太弱，不得不将大事托你。"刘备说完，泪流满面。

诸葛亮也哭着说："望陛下保重身体。"

刘备对刘永说："我死了后，你们几兄弟要以父亲般侍奉丞相，你们与丞相只是共事而已。"

刘备召集众将官到齐，拿笔写了遗嘱，交给诸葛亮，感叹地说："我本想和你们一同消灭曹丕，不幸中途分手。麻烦丞相把我的遗嘱交给太子刘禅，以后一切事情，都望丞相指点。"

诸葛亮拜倒在地上说："望陛下好好安息，臣等一定全力效劳，辅助太子。"

刘备叫左右的人扶起诸葛亮，一手掩盖眼泪，一手握住诸葛亮的

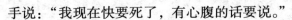

手说："我现在快要死了，有心腹的话要说。"

诸葛亮问："有什么事吩咐？"

刘备说："阁下才干高于曹丕十倍，一定能办成大事，如果刘禅可以帮助就帮助，实在不行，你就作两川之主。"

诸葛亮听到这话，立即哭拜在地说："臣一定尽力辅助太子，一直到死了为止。"

同年四月，刘备病逝于白帝城的永安宫，17 岁的刘禅即位，改元"建兴"，并封诸葛亮为武乡侯，以丞相兼益州牧。

七擒七纵定南中

刘备病逝，刘禅年纪尚小，蜀汉国军政大事一下全落到了诸葛亮的身上。

此时，诸葛亮已有43岁，他从南阳一布衣成为蜀汉国的丞相和实际统治者，深感身上担子的沉重，日日勤政，不敢有丝毫懈怠。

这次兵败，对蜀汉国来说是一个沉重的打击。鉴于此，诸葛亮决定闭关息民，调整经济，发展生产。经过一段时间的调整治理，蜀汉国势又开始发展强大起来。

225年，诸葛亮经过两年的励精图治，感到国势已得到了恢复。

益州探马飞报说："蛮王孟获大起蛮兵两万，侵犯蜀国边境进行掠夺。"

为了进一步巩固蜀汉政权，并为进取中原作好充分准备，诸葛亮决定在北伐中原前，先征服南中。

诸葛亮入朝上奏后主："臣观南蛮不服，实在是国家之大患。臣要亲自率领大军前去征讨。"

225年5月，诸葛亮率军渡泸水南征讨寇，7月至南中。

今云南、贵州、四川西南地区，古称南中，被认为是"夷、越之地"。

夷、越是古人对西南少数民族的称呼。细分起来，云、贵及川南的少数民族为"南夷"，四川西部的称"西夷"。就族属而言，"西南夷"主要包括两大系统：一是"夷"，即氐羌系，属藏缅语族；一是"越"，即百越系包括濮或僚，属壮侗语族。

南中地区夜郎、滇、邛都等地方的少数民族，以农耕为主，处于越嶲、昆明等地的少数民族以畜牧业为主。

由于地处偏远，道路险恶，先秦时期南中地区少数民族很少同汉族交往，因此中原先进的汉族文化对他们几乎没有什么影响。

早在建安十二年，诸葛亮就提出了"南抚夷越"的理论。

那时候，刘备既无荆州，也没益州，诸葛亮既不是军师将军，也不是丞相。除了那座草庐之外，一切都还是虚无缥缈。

然而，诸葛亮在那座草庐中所订的全盘战略规划中，却放进了"南抚夷越"这颗重要的棋子。

诸葛亮的理论当然来自历史经验。他了解历史，了解南中的治乱兴衰，了解巴蜀与南中的密切关系。既然要"跨有荆、益"，怎么能忽视南中呢？

17年过去了，当年计划中的合理部分早已变成了现实，诸葛亮已经成为刘备遗诏辅政的顾命大臣，他所当政的蜀汉政权，不仅统治着汉中、巴蜀，而且也管辖着南中。

平定南中之所以重要，是因为"隆中对"的战略规划与现实发展有所出入。蜀汉政权只是实现了据有益州，并未保持住跨有荆、益。

如果说，南中对跨有荆、益来说具有稳定后院的意义，那么南中对独据益州的蜀汉政权，不但有稳定后院的意义，还有增强蜀国国力，确保它与魏、吴三足鼎立的意义。

平定南中之所以迫切，是因为自从蜀汉建立以来，南中就没有过真正的稳定，而且形势越来越紧迫，越来越复杂。

刘备、诸葛亮在占领益州后，为稳定南中作了很大的努力。他们对派往南中官员的选择是非常谨慎的，生怕由于用人不当，激化了南中与蜀汉的矛盾。

建安二十三年，越嶲郡夷帅高定在郡内发动叛乱，派军围攻新道县即今四川屏山西。多亏犍为太守李严率兵急救，将高定叛军打退。高定受此打击，气焰略有收敛。诸葛亮为了不使事态扩大，也没有对越嶲大举征讨。

建安二十四年，正当刘备率军在汉中与曹军鏖战正急时，孙吴左将军、领交趾太守士燮引诱益州郡大姓雍闿等，煽动郡人叛离蜀汉，一时郡内汹汹。

此外，越嶲、牂柯也出现了动荡不安的迹象。诸葛亮此时本应该

镇守成都，为刘备汉中前线输粮补给，但为了兼顾南北，却不得已曾一度屯驻于地处越巂、益州、牂柯之间的江阳即今四川泸州。

不久，益州郡大姓雍闿的活动越来越猖獗了，他不但杀害了郡守正昂，还不断派人与孙吴联络。为了阻止雍闿与孙吴接近，诸葛亮又派成都人张裔任益州郡守。

雍闿见张裔到任，又用迷信手法煽动少数民族说："新来的张太守，就像个用葫芦做的壶，外表虽光滑而内里粗糙。鬼神命令你们不要杀他，把他绑起来送到吴国去。"

对于南中发生的这些事情，蜀汉政权早就应该给予彻底解决，但刘备、诸葛亮实在是没有精力顾及。

因为比这里更严重的事还要等他们处理，蜀汉正处在与东吴争夺荆州的紧急关头，这是要处理的头等大事。至于南中问题，当时要紧的是暂时把局面维持住。

而此时，孟获率领大军侵入，则不得不进行平叛了。

为平息叛乱，巩固后方，同时也为了发展和提高西南部少数民族地区的政治、经济与文化，打通汉族与西南少数民族长期以来相互隔绝的状况，诸葛亮调遣了三路大军南征：东路军由门下都督马忠挂帅，从川南僰道，即今四川宜宾直取牌烟，即今贵州贵定东北；中路军由南中地区的军事长官廉降都督李恢挂帅，直取叛乱首领雍闿、孟获的老巢；西路军由诸葛亮亲自挂帅，进攻叛乱头目高定，直取越巂，即今四川西昌东南。

最后，三路大军在滇池，即今云南晋宁东会师。诸葛亮的南征最后以全线胜利宣告结束。

由于三路大军同时出击，使当时南中叛军首尾不能相顾，故而被个个击破。

诸葛亮了解到孟获不仅作战英勇，在当地少数民族中也很得人心，就是在汉族中也有一定威望，他决定攻心为上，收服孟获。

为此，他对当时在南中很有威望的叛军头领孟获采取怀柔策略。孟获其人勇气有余，智谋不足，诸葛亮要擒他真是易如反掌。

孟获是南中的酋长，英勇善战，为人侠义，在南人中很有威望。

他得知蜀兵南下，就前来迎战，远见蜀兵，队伍交错，旗帜杂乱，心想："人们都说诸葛丞相用兵如神，未免言过其实。"

孟获虽然英勇，但不善用兵。第一次交战，孟获冲出阵地，对方王平迎战。

刚一交锋，王平回头就跑。孟获放胆追杀，当追赶了 20 多里的时候。忽闻喊声四起，左有张嶷，右有张翼，截断了退路，南兵大败。

孟获拼命冲出重围，前面又有一队军马拦住，原来是大将赵云。

孟获曾得知赵云厉害，慌忙带领几十个骑兵逃进山谷。前边路狭山陡，后边追兵渐近，孟获只得丢下马匹爬山。

忽然又是一阵鼓声，原来魏延带领 500 人在这里埋伏。结果不费吹灰之力就活捉了孟获。

诸葛亮在帐中，把无数俘虏都一一解绑，还给酒饭款待，并说："你们都是好老百姓。你们的父母、兄弟、妻子、儿子，定倚门盼望大家回去，听说你们当了俘虏，他们会牵肠挂肚，痛不欲生。我现在把你们都释放回家，以安你们父母、兄弟、妻儿的心。"

说罢，发给粮食、酒肉，放出营帐。南人都很感动，甚至涕泪交流！

一瞬间，魏延把孟获绑来，跪在地下，诸葛亮问："现在你被我活捉了，你心服吗？"

孟获说："我是因为山路狭陡才被捉住的，怎么能服呢？"

诸葛亮说："你要是不服，我就放你回去。"

孟获答得倒也干脆："你要是放了我，我重整兵马，和你决一雌雄。那时再当了俘虏，我就服了。"

于是，诸葛亮让人给孟获解开绑绳，用酒肉招待，然后放出营帐。

孟获回寨之后，重整军马，准备再战。他手下的两个洞主被蜀兵俘虏后放回，这次孟获派他俩迎战，又打了败仗。

孟获说他俩是故意用败阵来报答诸葛亮，就痛打了 100 大棍。这两个洞主就带领一百多个放回来的南兵，冲进孟获的营帐，把喝醉了

的孟获牢牢绑住，献给诸葛亮。

诸葛亮笑着对他说："你曾经说，再当俘虏就服了。现在还说什么？"

孟获振振有词地辩道："这不是你的本事，而是我手下人叛变，怎么能让我心服呢？"

诸葛亮胸有成竹地说："好吧！我再放你一次吧！"

孟获说："我颇懂得兵法。如果丞相真的放我，我一定和你决一胜负。要是再当了俘虏，我就诚恳地投降。"

诸葛亮命人给孟获松了绑让他坐在帐中吃喝，然后带他出寨观看如山的粮草和明亮的刀枪。

孟获却边走边注意各个营寨的位置和情况，参观之后，照例以好酒好肉招待，到晚上，诸葛亮亲自把他送到泸水之滨，即今雅砻江下游，以及金沙江汇合雅碧江以后的一段，目送他过江而去。

孟获回到本寨，先诱杀了董荼那、阿会喃，又派重兵守住要塞。然后同弟弟孟优商量说："诸葛亮营中的虚实，我已知道。你可带些礼物，假做劳军，作为内应，我今夜就去劫他的营寨。"

几天之后，孟获的弟弟孟优带着100多名南兵，搬着许多金珠宝贝、象牙、犀角，渡过泸水，投奔诸葛亮的大营。

孟优见了诸葛亮，再三拜谢，说："我哥哥感谢丞相不杀之恩，让我先送上这些金珠宝贝，作为劳军之用。哥哥到银坑山收拾宝贝，明天就送来，献给天子。"

诸葛亮心中有数，命令杀猪宰羊，设宴备酒，还有乐队、歌舞、杂剧表演款待孟优。孟优和南兵不晓得酒里下了药，喝下去都昏倒了。

当晚，孟获把南兵分为三队，前来劫寨。他以为诸葛亮没有防备，又有孟优等做内应，肯定可以活捉诸葛亮。结果反而陷入诸葛亮的圈套，第三次当了俘虏。

诸葛亮笑着问孟获："这回服了吧？"

孟获气哼哼地说："这是因为我弟弟贪馋，耽误了我的大事，怎么能让人心服呢？"

诸葛亮说:"那就再放你回去!"

孟获立刻说:"丞相若肯放我兄弟,我一定收拾家丁,和您大战一场。那时若再被擒,我就死心塌地的投降。"

诸葛亮痛快地说:"好吧! 下一次你要小心谨慎,用好计策和信得过的人来和我作战。"

说罢,把孟获兄弟,连同所有的兵将,一同释放。

诸葛亮统领大军,渡过泸水,在河南岸建起三个大营,等待南兵。

果然,孟获带领 10 万人气势汹汹地杀来,诸葛亮见南兵骄狂自负,下令坚守,不准出战。同时让赵云、魏延带领本部人马出发了。

几天以后,诸葛亮干脆退出河南岸的三个营寨,回到河北岸。孟优指着空寨里的无数粮草、车辆说:"这是诸葛亮的计策吧?"

孟获说:"我想,准是蜀国发生了大事,不是吴兵入侵,就是魏军讨伐。我们应该火速追击。"

当南军逼近河岸时,发现北面建起了新的营寨,旗帜鲜明,军容严整,孟获对孟优说:"这是诸葛亮怕我们追击,故意在北岸稍住几天,很快会撤走的。"

他哪里想得到,此时赵云、魏延早已绕到了自己的后方。

一天晚上,狂风大作,随着一片火光和震天的喊声,大队蜀兵杀了过来。

孟获急忙带领亲信兵丁撤退,却被赵云拦住。迫使他赶紧往僻静的山谷逃走,又被马岱杀了一场。

此时,北、西、南三处都是火光,孟获只得向东逃跑,身边就剩下几十个人了。刚刚转过一个山口,只见一片树林前面,诸葛亮坐在一辆小车上,周围只有几十个人。

孟获对周围的兵丁说:"我被这人侮辱了三次,今天有幸在这里遇上他了。你们要奋力争先,连人带车砍得粉碎!"

接着,孟获当先,南兵紧随,呐喊着杀向树林,只听"咕咯"一声响,这些人全都掉进了陷坑。

魏延从林中转出,和几百名士兵一起,把坑里的兵将拖了出来,用绳子捆好。那十万南兵，除了死伤的，全都投降了。

诸葛亮不仅用酒肉款待，还以好话劝慰，然后全部放回，接着对孟优说："你哥哥心里迷糊，被我捉了四次，有什么脸再见人呢？你要好好地劝他呀！"

孟优满脸羞愧，跪地求饶。诸葛亮说："我若要杀你也不在今天。现在饶你一命，好去劝你哥哥。"

士兵为孟优解了绑绳，孟优哭着走了。

一会儿，魏延绑着孟获来了。这回诸葛亮一反往常，生气地说："你这回又被我捉住了，还有什么理说！"

孟获说："我是误中了你的奸计，死也不服。"

诸葛亮大声喝令："砍头！"

刀斧手推出孟获，孟获满脸气愤，毫不害怕，还回过头来说："你要是再敢放我一回，我一定能报四次败仗之仇！"

诸葛亮哈哈大笑，命令刀斧手解绑，就在帐中用酒食招待，然后把孟获放了。

孟获四次被擒，知道了诸葛亮的厉害，就和弟弟商量，跑到一个叫秃龙洞的险要之地躲起来负隅顽抗。

孟获心想，蜀兵受不了这一带的炎热湿气，日子长了，必然撤退。

他哪里想到，诸葛亮依靠投降的南兵引路，蜀军这次历尽艰辛，又在当地土人的引导下，还是战胜了恶劣的自然条件，奇袭秃龙洞。

孟获正准备拼死一战，部下来报告，说相邻的洞主杨锋，带领三万兵来助战。

孟获高兴地把杨锋和他的五个强悍的儿子请进洞。孟获设酒席招待他们。

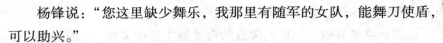

杨锋说："您这里缺少舞乐，我那里有随军的女队，能舞刀使盾，可以助兴。"

孟获欣然同意。杨锋把手一招，几十名南人少女，舞着刀盾，边跳边舞地进来了。杨锋手下的南兵拍着手，唱着歌伴奏。

杨锋的两个儿子起来给孟获、孟优敬酒，孟获、孟优刚刚接过杯子，只见杨锋大喊一声，两个儿子已经捉住二孟，众舞刀少女手持着明晃晃的战刀，谁敢靠近？

孟获说："兔死狐悲，咱们都是洞主，你们为什么要害我？"

杨锋说："我们兄弟子女们都感谢诸葛亮丞相活命的恩德，只有你还反叛！所以要把你捉住，向诸葛亮丞相报恩。"

杨锋父子把孟获兄弟献给诸葛亮。诸葛亮给予重赏，然后把孟获兄弟拉来。诸葛亮笑着说："这回你心服了吧？"

孟获说："这不是你的本事！只要你放了我，我回到祖居的银坑山。你要是在那里捉住我，我们子子孙孙一定心服！"诸葛亮像过去一样，又把孟获放了。

孟获连夜奔回银坑山，召集了本宗族1000多人，又向邻山、邻洞请了几万援军，再次和蜀军交锋，又吃了几个败仗，最后连老巢银坑山也被蜀军占了。

诸葛亮立即下令分兵缉拿奔逃在外的孟获。孟获实在没办法，就让自己的妻弟带来洞主把自己和妻子，连同好几百人绑送到蜀营，说是带来洞主劝孟获投降，孟获不听，被捉来献给丞相。

诸葛亮等带来洞主把几百人押进营帐，立即一声令下，两人捉一个，全部拿下。然后一一搜身，果然见人人都贴身藏着武器。

诸葛亮问孟获："你这回可是在老家银坑山被捉，应该心服了吧？"

孟获说："这是我自己来送死，当然不服！"

诸葛亮说："我捉住你六次了，还是不服。你想让我擒你几次呀？"

孟获说："七次！要是七次被擒，我才倾心归服。"

诸葛亮说："你连巢穴都丢了，我更没有顾虑了。"让武士给这几

百人解绑。孟获一群抱头鼠窜而逃。

孟获家破兵败，只得向邻近的乌戈洞主借藤甲兵。原来这藤甲是用油反复浸泡，晾晒几十遍炼制而成，刀箭不入，人坐在上面入水也不沉，十分厉害。

诸葛亮命令魏延，在半个月内连输15阵，放弃寨栅。

孟获大笑着说道："看来诸葛亮的计策已经用尽，只要再一进攻，我们就能够胜利。"

到了16天，魏延带领败兵前来迎敌，因战不过藤甲兵，又败退而走，乌戈紧追不舍。

魏延带兵转入到了盘蛇谷。乌戈赶入谷中，见数十辆油柜车挡在路中，突然横木乱石从谷上滚了下来，塞住了谷口。

又见油柜车上的干柴都燃烧了起来，顿时浓烟滚滚，火焰冲天。

一场火攻，把那油浸的藤甲烧个精光，孟获第七次当了俘虏。这回诸葛亮也不和孟获说话，只是给他解了绑，送到另外的营帐饮酒压惊。

孟获、孟优、带来洞主和所有的宗族俘虏正在饮酒，一位官员进来对孟获说："丞相不好意思见您了，让我放您回去，准备再战。"

孟获听后泪流满面，对左右说："七擒七纵，这是自古以来没有的事呀！我要是再不感谢丞相的恩德，可就太没有羞耻了。"

说完，带着兄弟、妻子、同族就走出营帐去向诸葛亮投降。

诸葛亮南征，开发西南，他对彝族首领孟获使用"欲擒故纵"的策略，七擒七纵，逐次推进到边远地方，终于使孟获心悦诚服，誓不复反。

孟获回去以后，还说服各部落全部投降，南中地区就重新归蜀汉控制。

诸葛亮平定南中后，命令孟获和各部落的首领照旧管理他们原来的地区。

有人对诸葛亮说："我们好不容易征服了南中，为什么不派官吏来，反倒仍旧让这些头领管呢？"

诸葛亮说："我们派官吏来，没有好处，只有不方便。因为派官吏，就得留兵。留下大批兵士，粮食接济不上，叫他们吃什么。再说，刚刚打过仗，难免死伤了一些人，如果我们留下官吏统治，一定会发生祸患。现在我们不派官吏，既不需要留军队，又不需要运军粮。让各部落自己管理，汉人和各部落相安无事，岂不更好？"

大家听了诸葛亮这番话，都钦佩他想得周到。

诸葛亮率领大军回到成都。后主和朝廷大臣都到郊外迎接，大家都为平定南中而感到高兴。刘禅与孔明并车而行，设太平筵，重赏三军。

从此每年有300多个邻邦向蜀国进贡。诸葛亮一面积蓄财富，一面训练人马，一心一意准备大举北伐。

诸葛亮的七纵，意在扩大疆土，拿孟获做榜样，去降服其他少数民族。

因此，他任命孟获做蜀国的官，管理南方各部族。他的下属官吏都让当地人担任，只定些大的制度，让他们自己管理地方政事。

诸葛亮把南方的事安排就绪后，下令回成都时，孟获他们送了一程又一程，还以金银财宝、丹砂、生漆、耕牛、战马送给国家。诸葛亮吩咐留下很多粮食、药品。

从此，不仅南方得以安定，而且各部族注意发展农业，生活也开始有所改善，从而完成了平定南中，解除北伐曹魏的后顾之忧。

征服南中后，诸葛亮开始大力发展南中经济。以往，这个地区被人称为不毛之地，山高路险，交通不便，历代王朝很少涉足这个地区。

在诸葛亮之前，有史记载的汉族深入此地区的只有战国时的楚威王，他曾派将军庄桥入滇，以欲扩大楚国地盘。

庄桥入滇后却因秦灭楚而不能归，后在滇地称王。当时庄桥入滇带去了一些汉族先进的生产工具，在一定程度上促进了南中地区的经济发展。

此后几百年，汉族与此地区少数民族几乎是处于相互隔绝的状况。

诸葛亮此次南征，彻底打通了汉族与我国西南少数民族居住地区

的联系，为全面开发该地区社会经济奠定了基础。

从此，汉族地区的先进生产技术开始源源不断地传入到该地区，如牛耕、纺织等生产技术，皆是从此时开始传入南中地区的。

由于诸葛亮十分注重发展西南地区经济，这不仅对蜀汉国的政权巩固、经济发展起到了非常重要的作用，使蜀汉政权从该地区得到丰富的物资供应。

而且，开发大西南对以后几千年中国的完整和统一也奠定了坚实的基础。

鞠躬尽瘁

善于统兵打仗的将领要能屈能伸，其意志刚强却不可固执己见，性格柔顺却不可软弱。因此能够以弱制强，以柔克刚。

—— 诸葛亮

空城计退司马懿

南征结束后，接下来自然是承续刘备建立的蜀汉王朝的任务，北伐曹魏，兴复汉室，诸葛亮为此在积极谋划着。

在诸葛亮47岁那年，夫人黄月英为其生下了长子诸葛瞻，小妾韩慧也怀上了孕。年近半百得子，使诸葛亮夫妇都异常高兴。原先，因为无嗣，兄长诸葛瑾把儿子诸葛乔过继给诸葛亮为养子。诸葛亮曾对他严格教育，写下了《与兄瑾世子乔言书》。现得了亲子，诸葛亮立即写信给兄长报喜，派人送到东吴去。

曹操死后，魏主曹丕在位七年，到蜀汉建兴四年，曹丕因寒疾不痊而薨，时年40岁，其孺子曹睿即位。

同年，骠骑大将军司马懿上表大魏皇帝，要求镇守西凉等地，曹睿准奏，封司马懿为提督。

诸葛亮听到报告不由大惊，司马懿深有谋略，必为蜀国大患。参军马谡对诸葛亮道："司马懿虽然是魏国的大臣，但曹睿一向对他怀有戒心。我们不如派人秘密潜往洛阳等地，散布流言，说司马懿想要造反，借曹睿杀了他。"

诸葛亮用了马谡之计。果然不久，曹睿中了马谡的反间计，只因疑心是吴蜀奸细所为，所以未杀司马懿，罚其削职回乡。

诸葛亮闻听司马懿中计遭贬，大喜。第二天后主早朝，大会官僚。诸葛亮上《出师表》欲北伐中原，以申述出兵中原之大义。

《出师表》中奏道："臣本是一介平民，在南阳耕田种地，只想在乱世之中保全性命，未曾想在天下显身扬名。先帝不因为臣卑贱，反而降低身份，三顾臣于草庐之中，询问天下大事，臣非常感激，于是答应为先帝奔走效劳。后来正赶上荆州大败，臣受任于败军之际，奉命于危难之间，迄今已21年了。先帝知道臣小心谨慎，所以在临终之时把国家大事托付给臣。从接受遗命以来，臣日夜都在忧叹，唯

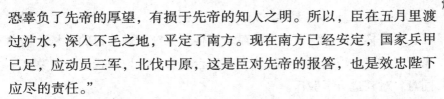

恐辜负了先帝的厚望，有损于先帝的知人之明。所以，臣在五月里渡过泸水，深入不毛之地，平定了南方。现在南方已经安定，国家兵甲已足，应动员三军，北伐中原，这是臣对先帝的报答，也是效忠陛下应尽的责任。"

诸葛亮一番陈词，慷慨而情深，大义而忠烈，既为报知遇之恩，也是尽为臣之责。

随即诸葛亮又下了一道讨伐曹魏的诏书，进一步使北伐中原的行动出师有名，得到全国人民的支持。据有荆、益，南抚夷越，夺取中原，兴复汉室，是《隆中对》制定的战略决策。

征服南中，是诸葛亮整个军事战略计划一部分，他的最终目标并非偏安一隅，而是要北伐中原，统一中国，匡扶汉室。

因此，征服南中返回成都后，诸葛亮立即开始准备北伐中原之事。第二年六月，诸葛亮揪住孙吴政权两次向曹魏起兵之机，决定挥师北伐，以完成先帝刘备之遗志，了却他自己平生宏愿。

诸葛亮说："臣受先帝托孤之重担，夙夜不曾有所懈怠。现在南方已经平定，可以没有内顾之忧了。不趁此时讨贼，恢复中原，又更等何时！"

这时班部中太史谯周走出来奏道："臣夜里观天象，北方旺气正盛，未必能够取胜。"之后对诸葛亮言道，"丞相十分了解天文，为何强要去北伐呢？"

诸葛亮说："天道变化无常，怎能过于拘谨固执？如今我将军马驻扎在汉中，观北魏的动静再做行动。"

于是，诸葛亮留下内外文武一百多人，一同治理蜀中之事，自己点将出师。后主带领百官，一直送出成都北门外十多里路。诸葛亮辞别后主，旌旗蔽野，戈戟如林，率军往汉中逶迤进发。

这次北伐，几乎动用了蜀汉所有的将领，名曰30万，其实只有五万左右，显然诸葛亮并未倾巢而出。

蜀汉建国不久，加上刘备去世，北伐虽然重要，内部稳定更是生死关键。首先是廖立，恃才自傲，争官夺利，诽谤别人。诸葛亮严明执法，对其进行弹劾，廖立被免去官职，废为平民，流放到汶山郡。

再就是朝廷重臣李严，个人野心急剧膨胀。他劝诸葛亮受九锡之礼，晋爵称王，就像曹操对汉献帝那样。他这样做的目的，是让诸葛亮带上不忠逆臣的罪名，让诸葛亮倒台，自己好取而代之，诸葛亮不同意，对其进行了驳斥。

后李严要求划出五个郡建立巴州，由他出任刺史，企图与朝廷分庭抗争，遭到诸葛亮的严词拒绝。后来李严由于误送军粮，反推卸职责，欺君罔上，被流放于梓潼郡。

诸葛亮率领大军抵达陕西与四川交界的阳平工，即今陕西勉县西北后，诸葛亮决定不直接从陕南出兵攻取民收、咸阳等地，而是迂回用兵，先取陇右，以形成对曹军西线的威势，再从西向东全线出击。

当诸葛亮的军队西出祁山、突然出现在陇右地区时，驻陇魏军毫无防范，纷纷溃败投降。

诸葛亮很快就占领了南安，即今甘肃陇西东南。天水，即今甘肃通谓西北和安定，从南至北，清除了陇右的魏军，并派兵进驻街亭，即今甘肃秦安东北，以扼守陇西至关中的咽喉要道。

诸葛亮自出师以来，累获全胜，心中甚喜。一日正在祁山西城，即今陕西安康北会众议事，忽报魏主曹睿面诏司马懿，恢复官职，即将起兵平西。诸葛亮大惊道："我所忧患者，就是司马懿这个人。"

曹睿闻知蜀军已出兵陇西，亲率大军坐镇长安，派大将张郃领五万军队赴西线迎敌，两军在街亭相遇。

诸葛亮到了祁山，决定派出一支人马去占领街亭，作为据点。让谁来带领这支人马呢？当时他身边还有几个身经百战的老将。可是他都没有用，单单看中参军马谡。

马谡这个人确是读了不少兵书，平时很喜欢谈论军事。诸葛亮找他商量起打仗的事来，他就谈个没完，也出过一些好主意。因此诸葛亮很信任他。但是刘备在世的时候，却看出马谡不大踏实。他在生前特地叮嘱诸葛亮，说："马谡这个人言过其实，不能派他干大事，还得好好考察一下。"

但是诸葛亮没有把这番话放在心上。这一回，他派马谡当先锋，王平做副将。

马谡和王平带领人马到了街亭，张郃的魏军也正从东面开过来。马谡看了地形，对王平说："这一带地形险要，街亭旁边有座山，正好在山上扎营，布置埋伏。"

王平提醒他说："丞相临走的时候嘱咐过，要坚守城池，稳扎营垒。在山上扎营太冒险。"

马谡没有打仗的经验，自以为熟读兵书，根本不听王平的劝告，坚持要在山上扎营。王平一再劝马谡没有用，只好央求马谡拨给他1000人马，让他在山下临近的地方驻扎。

张郃率领魏军赶到街亭，看到马谡放弃现成的城池不守，却把人马驻扎在山上，暗暗高兴，马上吩咐手下将士，在山下筑好营垒，把马谡扎营的那座山围困起来。

马谡几次命令兵士冲下山去，但是由于张郃坚守住营垒，蜀军没法攻破，反而被魏军乱箭射死了不少人。

蜀军在山上断了水，连饭都做不成，时间一长，自己先乱了起来。张郃看准时机，发起总攻。蜀军兵士纷纷逃散，马谡要禁也禁不了，最后，只好自己杀出重围，往西逃跑。

王平带领1000人马，稳守营盘。他得知马谡失败，就叫兵士拼命打鼓，装出进攻的样子。张郃怀疑蜀军有埋伏，不敢逼近他们。王平整理好队伍，不慌不忙地向后撤退，不但1000人马一个也没损失，还收容了不少马谡手下的散兵。

由于马谡拒谏，致使战略重地街亭失守。诸葛亮顿足长叹道："大势去矣！这都是我用人不当的过错啊！"

于是密传号令，教大军暗暗收拾行装，以备起程退回汉中。又派心腹之人，分路去报告天水、南安、安定三郡的官军和百姓，全都撤入汉中地区。

诸葛亮分拨已定，忽然十几次飞马来报说："司马懿引大军15万，望西城这边蜂拥而来！"

诸葛亮这时身边没有别的大将，只是一班文官，所带的5000军士已派出一半先运粮草去了，只剩下2500人在城中。

众官员听到这个消息，全都大惊失色。诸葛亮登城眺望，果然尘

土冲天，魏兵分两路往西城杀来。诸葛亮传令："将旗帜全部藏起来，诸军各守城铺，若有自行出入或高声讲话的，立即斩首。大开四面城门，每道门用20个军士，扮作百姓的样子，洒扫街道。魏兵来到的时候，不许擅自行动，我自有计策。"

诸葛亮仍身披鹤氅，头戴纶巾，领两个小童携一张古琴，来到城上敌楼前凭栏而坐，焚香操弦。

司马懿的大军前队来到城下，见到这般情景，全都不敢进城。司马懿不信，叫三军停住，亲自飞马过去，远远地观看，果然见诸葛亮坐在城楼上，笑容可掬，焚香操琴。

左边站着一个童子，手捧宝剑；右边站着一个童子，手执凤尾。城门内外，有二十来个百姓低头洒扫，旁若无人。司马懿一见心中大惑不解，便来到中军，叫后军变前军，前军变后军，向北山退去。

司马懿的儿子司马昭道："说不定诸葛亮城中没有军，故意作出这种姿态？父亲为何就退兵了呢？"

司马懿道："诸葛亮平生谨慎，没有冒过险。今日大开城门，必有埋伏。我军若攻进城，一定会中他的计。所以应当速速退兵。你这小辈懂个什么？"

诸葛亮见魏军走远了，大笑起来。众官无不惊骇，问诸葛亮道："司马懿可是魏国名将，今日统率15万精兵来到这里，一看见丞相掉头便走，这是为什么呢？"

诸葛亮道："他料我平生谨慎，从不冒险行事，而今日这般大模大样，一定是城中藏有伏兵，所以就后退了。其实并不是我冒险，而是我迫不得已。他一定带军往北山小路去了，我已令兴、包二将在那里等候。"

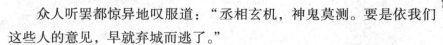

众人听罢都惊异地叹服道："丞相玄机，神鬼莫测。要是依我们这些人的意见，早就弃城而逃了。"

诸葛亮说："我们这里只有 2500 军士，要是弃城而走，必不能走远，还不被司马懿给抓住？"说完拍手大笑，道，"我要是司马懿，就不退兵。"

然后下令叫西城百姓随军一同迁往汉中，并说："司马懿还会来的。"于是诸葛亮便离开了西城，往汉中而去。

蜀军失去了重要的据点，又丧失了不少人马。诸葛亮为了避免遭受更大损失，决定把人马全部撤退到汉中。

诸葛亮回到汉中，经过详细查问，知道街亭失守完全是由于马谡违反了他的作战部署。马谡也承认了他的过错。诸葛亮按照军法，把马谡下了监狱，定了死罪。

马谡自己知道免不了一死，在监狱里给诸葛亮写了封信，说："丞相平日待我像待自己的儿子一样，我也把丞相当作自己父亲。这次我犯了死罪，希望我死以后，丞相能够像舜杀了鲧还用禹一样，对待我的儿子，我死了也没牵挂了。"

诸葛亮杀了马谡，想起他和马谡平时的情谊，心里十分难过，流下了眼泪。以后，他真的把马谡的儿子照顾得很好。

诸葛亮认为王平在街亭曾经劝阻过马谡，在退兵的时候，又用计保全了人马，立了功，应该受奖励，就把王平提拔为参军，让他统率五部兵马。

诸葛亮对将士们说："这次出兵失败，固然是因为马谡违反军令。可是我用人不当，也应该负责。"他就上了一份奏章给刘禅，请求把他的官职降低三级。

刘禅接到奏章，不知该怎么办才好。有个大臣说："既然丞相有这个意见，就依着他吧！"

刘禅就下诏把诸葛亮降级为右将军，仍旧办丞相的事。

再上表北伐讨魏

魏明帝太和二年，也就是诸葛亮第一次北伐失败当年的八月，东线孙吴却在石亭，即今安徽潜山东北与曹魏的战斗中打了一场大胜仗。

不久，东吴派使臣到蜀中来致书，请求出兵共讨魏国，并述说东吴不久前大破曹军之事，一来，显示自己的威风，二者，表示与蜀国和好。后主大喜，令人持这份使书到汉中，报知诸葛亮。

诸葛亮正值兵强马壮，粮草丰足，所用之物，一切完备，正准备再次出师，收到后主书信，立即设宴大会诸侯。

宴席间，忽然刮起一阵大风，竟将庭院前的一棵松树吹折了，众人都大吃一惊。忽报赵云将军昨夜病重而死。诸葛亮大声道："子龙身故，国家损一栋梁，我失去了一只臂膀啊！"

众将无不挥泪泣颜。诸葛亮命子龙二子到成都去面见后主报丧。

后主听说赵云死，放声大哭，道："想当年，先父携民渡江，遭敌兵追截，朕尚年幼，要不是子龙将军单骑拼死相救，朕早就死在乱军之中了！"

立即下诏，敕厚葬于成都锦屏山之东，建立庙堂，可四时享受祭祠。子龙二子谢辞而去。

后主身边的大臣这时上奏说："诸葛丞相将军马分拨已定，即日就将出师伐魏了。丞相派杨仪带《出师表》来到成都，呈交御览。"

这便是后来著名的《后出师表》。

近年有人提出，《后出师表》应是诸葛亮所写。因为张俨与诸葛亮同时稍后，对诸葛亮的生平事迹很熟悉，如果《后出师表》为人伪撰，张俨不会不加辨别就把它收进《默记》。至于陈寿，因为不敢犯司马氏之讳，所以不敢把骂他们为魏贼的《后出师表》收入《三国志》本文。

但较多的人恐怕还是认为《后出师表》不是出自诸葛亮之手。比较而言，这一种意见理由充分一些。

《后出师表》所说的很多事情与史实不合。比如，它列数曹操的几次失利，如困于南阳、险于乌巢、危于祈连、僵于黎阳、几败北山、殆死潼关，除南阳、乌巢、潼关几次遇险史书有记载，另几次都没有确切依据。又比如，《后出师表》说刘繇、王朗各据州郡，连年不征不战，坐使孙策据有江东，这和史书记载的情形也不合。

这或者可以解释为史书缺载或误载，或诸葛亮误记，但有一件事却不可能误记，即赵云之死。赵云是建兴七年死的，他在第一次北伐中虽然失利，但未大败，更不至于丧生，他还被贬为镇军将军，这是退军以后的事。

这是《三国志·赵云传》和注引《赵云别传》明确记载的。但上于建兴六年十一月的《后出师表》却说赵云和另外七十多名战将都已经死了。这个明显的漏洞很难作别的解释。

更主要的是，《后出师表》的行文不像出自诸葛亮之手。《后出师表》是上给后主的，诸葛亮这时尽管揽蜀汉大权于一身，他也清楚地知道后主窝囊无能，但后主毕竟是他的君主，而且他受刘备临终之重托，因此，他对后主一向是恭谨的，虽时时苦心劝谏，但措辞总是诚恳委婉，《前出师表》就是这样。

不像这篇《后出师表》，开头就直说后主无能，当面指问："今陛下未及高帝，谋臣不如良、平，而欲以长计取胜，坐定天下，此臣之未解一也"，这不是臣下对君主的口气，更不像诸葛亮说的话。

诸葛亮一向有胆略，有抱负，有坚韧不拔、百折不挠的毅力。未出茅庐，他就自比管仲、乐毅，刘备请他出山，正是势单力孤，处境最困难的时候，他却在这时为刘备画出了据荆州、取益州，以成帝业的宏伟蓝图。

就在上《后出师表》的同一年，他上《前出师表》，先主崩殂，益州疲弊，正值危急存亡之秋，但他仍相信，只要后主亲贤臣，远小人，"汉室之隆，可计日而待"，而他率军北伐，也有决心"攘除奸凶，兴复汉室，还于旧都"。

但不到一年，在《后出师表》中，这一切全不见了，消沉、沮丧，列举的六条不解，都是对北伐缺乏信心。

"然不伐贼，王业亦亡，唯坐而亡，孰与伐之？"

北伐全然是无可奈何的。"凡事如是，难可逆料"，只有尽力而为，"至于成败利钝，非臣之明所能逆睹也。"

看不到胜利的希望，对前途悲观渺茫。这不是《前出师表》中那个诸葛亮的精神状态。

不过，《后出师表》有一处却很可取，就是它有"鞠躬尽瘁，死而后已"这两句话。这两句话，准确地概括了诸葛亮一生的精神品质。

《后出师表》的全部价值也就在此。罗贯中把《后出师表》写入《三国演义》，大约也是看准了这一点，他抓住诸葛亮"鞠躬尽瘁，死而后已"的精神，塑造了一个光彩夺目，为世代人们景仰的艺术典型。

却说当时后主看过表后非常高兴，便敕令诸葛亮出师。诸葛亮领命，起30万精兵，令魏延率前部先锋，再度北伐。这年冬季，诸葛亮率军出散关，即今陕西宝鸡县南，包围陈仓，即今宝鸡县东，攻二十多日未能破，粮尽而返。

第二年春天，诸葛亮派陈式率军攻打武都即今甘肃城县西、阴平即今甘肃文县西北，拔二郡。蜀人祝贺诸葛亮，诸葛亮写《谢贺者》。

建兴七年四月，孙权称帝，改年号为黄龙元年，诸葛亮派卫尉陈震前去祝贺。六月，吴蜀订盟。

建兴八年七月，魏军三路攻蜀，诸葛亮御之于城固。因大雨无法行军，魏军自退。诸葛亮派魏延入羌中，大破曹魏军。

建兴九年二月，诸葛亮率大军攻魏，围祁山，大败司马懿于西城。但是在同年六月，终因粮草不济，又不得不退兵。

木牛流马运粮草

228 年，诸葛亮率军进行第三次北伐，占领了原魏国据守的武都，即今甘肃成县西北。阳平，即今甘肃文县二郡，并将其正式划入蜀汉的版图。此次虽没打到关中，却也取得了局部的胜利。

231 年，诸葛亮又组织了第四次北伐。

经过三年的战争实践，诸葛亮已经总结了不少对敌斗争的经验，这次北伐，他就改变了往日围城攻坚的战术。

这次，诸葛亮充分汲取了前几次军事行动的教训，把粮草运输当作首要任务进行认真组织，委派曾一同受刘备遗诏辅政的大臣李严负责督运军粮，并根据山地运粮困难的特点，专门设计了一种被称为"木牛"的运粮独轮车。

这次北伐，诸葛亮遇到了多年的劲敌，曹魏方面的统帅，曾受遗诏辅政的司马懿。

与诸葛亮对抗了三年的曹魏大司马曹真，体力不支，重病在卧。曹真是一位久经战阵，经验丰富的指挥将领，曹魏智囊人物桓范曾称赞说："曹子丹佳人。"

可见他并非无能将领。曹真的重病不起，对诸葛亮北伐倒不是一件坏事，如果曹魏政权派来接替曹真的是个平庸之辈，对诸葛亮的取胜倒多了一分把握。

但是魏明帝也不傻，他任命接替曹真位置的是比曹真更厉害的司马懿。司马懿军事上运筹帷幄，机谋应变自如。此人深识兵法，且有谋略，稳而不躁，沉于思考。他曾镇守荆州以御东吴，因关中统帅曹真患病，他就被曹睿调往长安代替曹真，统率张郃、费耀、戴凌、郭淮四员大将在西线抵抗蜀军。

两军在陇西相遇，诸葛亮采取避实就虚的战术，先避开敌方之主力，攻击驻守上都，即今甘肃天水之魏军，从而大获全胜，使守卫上

都的费耀、戴凌逃回城中，不敢再战。

当司马懿得知诸葛亮攻上都，即率主力从祁山前去救援，但他深知诸葛亮厉害，兵至而不战，只在险要地方下寨据守，不出战。

诸葛亮每日派将出阵，高声叫骂，故意羞辱司马懿，以此激他率军出战，但老谋深算的司马懿仍按兵不动，置之不理。

于是，胆识过人的诸葛亮又改用诱敌之计，佯装退兵，司马懿前见蜀军退走，派人打听虚实后就率军尾随而进，仍不急不躁，决不主动与蜀军正面交锋。

司马懿的举动遭到了他手下部将们的戏弄和嘲笑，加上诸葛亮又经常派部将士兵向魏军挑战，甚至辱骂，这使魏军将士怒气冲天，不堪忍受。

他们多次请战，但主帅司马懿就是不允许，于是他们议论开了："还未交战就不敢出战，将军畏敌如虎，难道就不怕天下人讥笑？"

这些议论日益增多，终于，司马懿稳不住了，于是决定与诸葛亮决战。诸葛亮等的就是司马懿的急躁，早已布下伏兵，只等司马懿往里钻。

这一仗把曹魏军队杀得大败，使司马懿再也不敢与诸葛亮交战了。

此后，两军相持近六个月之久，诸葛亮又因粮草供应不济，只得再次退兵。

司马懿以为这下可该出击蜀军了，就派大将张郃率兵追杀，谁知追到木门谷，即今甘肃天水西南又中了诸葛亮的埋伏，大败魏军，魏军追兵反而成了溃军。

诸葛亮撤回汉中后，严厉惩治了督运军粮不力的老将李严，并决定暂缓北伐，休整内政，鼓励农商，发展生产，让国力重新恢复起来，以便作好充分准备，再次北伐。

234 年，已 50 多岁的诸葛亮决定再次率军北伐。由于三年的准备，他已将大量的粮草囤积在斜谷口，以备军用。

在进行了充分准备之后，他亲率 10 万大军从陕南出发，这一次他不再西出陇地，而是直插陕西渭水南岸的五丈原即今陕西峡山南。

这次魏军统帅仍是司马懿。当两军在渭水边对峙扎营后，司马懿故技重演，坚壁据守，就是不出战，而诸葛亮却希望早早决战，不宜久拖。

为此，诸葛亮用尽所有的手段，甚至派人送了一套妇人服饰给司马懿，嘲笑他们妇人一样胆小。但司马懿已吃过诸葛亮的亏，即使受辱，也忍住不战。为掩人耳目，他还假说决战需奏准皇上，使众人不敢再非议他。

司马懿率领魏军背水筑营，想再次以持久战消耗蜀军粮食，令蜀军自行撤退，诸葛亮也明白缺粮的问题，开始实施屯田生产粮食。而孙权也曾率 10 万大军北上响应蜀汉，但被曹睿亲自率军打败。

为了解决军粮以便继续北伐，诸葛亮劝农讲武，令军在当地屯田，供应驻军粮草。

一日，长史杨仪报告说："如今粮米都存在剑阁，人力牛马搬运不方便，怎么办呢？"

诸葛亮笑道："我已运筹谋划很久了。把以前所积存下来的木料，加上在西川收买下的大木，拿去教人制造木牛流马，非常方便。这些'牛马'全都不用饮水，可昼夜运输，非常轻便。"

众人听了很是惊奇，道："从古到今，从来没有听说什么木牛流马的事。不知丞相有什么妙法，能造出这般神奇之物？"

诸葛亮说："我已经下令让人依照图样制作，还未完工。我现在先把木牛流马的原理，尺寸方圆、长短窄阔写下来，你们大家来看一下。"

众人大喜。诸葛亮便在一张纸上写下，拿给众将观看。

众将看了一遍，都拜服了，说道："丞相真是神人啊！"

过了几天，木牛流马造好了，竟像活的一样，上山下岭，都十分方便。众军见了，真是无不欢喜。

诸葛亮命令右将军高翔带 1000 兵，驾着木牛流马，从剑阁直达祁山大寨，往来搬运粮草，供给蜀军之用。

却说司马懿正在愁闷，忽然哨马来报告说："蜀军用木牛流马转运粮草，人不大劳，牛马不食。"

司马懿大惊道:"我之所以坚守而不出战,正是因为蜀军粮草接济不上,而等待他们自入绝境。如今他们使用这种办法,肯定是要长久作战之计,不打算退兵了。这可怎么办?"

于是急忙叫来张虎等二将吩咐道:"你们到斜谷小路边埋伏,等蜀军赶木牛流马过来,你们就从他后面杀出,抢他三五匹便回来。"二将领令而去。

夜间,魏军突然袭击蜀军的运粮队。蜀军措手不及,丢下几匹木牛流马。张虎等甚是欢喜,驱回本营寨。

司马懿一看,果然和真的一样,高兴地说:"他会用这种东西,难道我就不会用吗?"

于是下令,找来100多个能工巧匠,当着他的面把木牛流马拆开,吩咐他们依照尺寸,去造出一模一样的木牛流马来。

不到半个月,魏军竟造出了2000多只,和诸葛亮所造的木牛流马果然相同,也能够奔走。于是,司马懿便命令镇远将军岑威带领1000军士,驱驾木牛流马,往陇西去搬运粮草,来回不断,魏营军士,无不欢喜。

却说高翔回来见诸葛亮,说魏军把木牛流马各抢去了五六只。诸葛亮笑道:"我正是要他抢去。我只是费了几匹木牛流马,不久却要得到他军中的许多资助呢?"

众将问道:"丞相怎么知道?"

诸葛亮说:"司马懿见了木牛流马,一定会让人照样去做,那时我又有别的计策对付他。"

几天后,有人来报说:"魏兵也会造木牛流马,用来往陇西运粮草。"

诸葛亮大喜,说道:"不出我所料。"

便叫来王平吩咐说:"你带1000士兵,扮成魏人,夜里偷偷越过北原,只对人说是巡粮军,混入敌人的运粮军中,把他们都杀散,把木牛流马赶回,直奔过北原来,这里一定会有魏兵赶到,你们便将牛马的舌头转过来,牛马就不能行动了,你们只管丢下牛马就走。魏兵赶到,牵拽不动,也扛抬不走。我们再有兵到,把木牛流马的舌头转

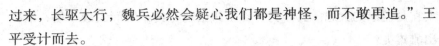

过来，长驱大行，魏兵必然会疑心我们都是神怪，而不敢再追。"王平受计而去。

诸葛亮接着又吩咐张嶷道："你带上500军，都扮成了神兵，鬼头兽身，用五彩涂面，要作出各种怪异之状：一手举绣旗，一手拿宝剑，身上挂着葫芦，里面藏着烟火之物，埋伏在山边，等木牛流马来到时，就放起烟火一起拥出，赶牛马而行。魏人看见，一定认为是神鬼，不敢再追赶。"张嶷受计带兵走了。

诸葛亮又唤魏延、姜维吩咐道："你二人一同带上一万士兵，到北原寨口去接应木牛流马。"二人遵令而去。

魏将岑威带军驱木牛流马载运粮草，正行之间，忽报前面有巡粮兵。岑威令人前去哨探，果然是魏兵，于是便放心地前进，两军合成一路。

突然间喊声大震，蜀兵就在本队里杀起来，大呼："蜀中大将王平在此！"

魏兵措手不及，被蜀兵杀死一大半。岑威领败兵抵抗，被王平一刀斩了，其他人都溃散而逃。王平引军驱木牛流马而回。

魏军败兵飞奔报告北原营寨。大将郭淮听说军粮被劫，急忙带兵来救。王平叫蜀兵扭转木牛流马舌头，全部丢弃在道上，边战边退。

郭淮叫魏兵且不去追，只把木牛流马赶回去，却哪里驱得动？郭淮心中疑惑，正在无可奈何之际，忽然鼓角震天，喊声四面而起，有两路兵杀来，正是魏延和姜维。

王平又带兵杀回，三路夹攻，郭淮大败而走。王平令军士将牛马舌头又扭转过来，驱赶而行。

郭淮远远望见，刚想回兵再追，却见山后烟云突出，一队神兵拥出，个个手执旗剑，行态怪异，拥护木牛流马，如风而去。郭淮见状大惊道："这必是神助啊！"魏兵无不惊畏，不敢再追。

诸葛亮率兵欲在祁山久驻，便命蜀军与当地魏民一起种粮，军一分，民两分，并不侵犯，魏民都安居乐业。

司马懿的儿子司马师对他父亲说："蜀军劫去我们许多粮米，现在又命令蜀军和我们魏民一起在渭水边上屯田，打算长驻，这样下去

实在是国家的大患。父亲为什么不跟诸葛亮约个时间大战一场，以决出雌雄呢？"

司马懿道："我奉旨坚守，不能轻举妄动。"

正议论间，忽报蜀将魏延前来骂阵，司马懿只是不出战。魏延骂了半天，最后只得回寨。

诸葛亮见司马懿不肯出兵，便密令马岱造木栅，在营中挖深沟，放了许多干柴和引火之物。周围山上，用柴草虚搭了许多窝铺，里外都埋下地雷。

置备停当，诸葛亮又对马岱密嘱道："要将葫芦谷后路切断，在谷中暗伏兵，若司马懿赶到，让他进谷，然后就把地雷和干柴一起放起火来。"马岱领令而去。

诸葛亮又令一班军士白天举着七星旗在谷中，夜晚设七星灯在山上，作为暗号。

接着唤魏延道："你带上 500 军士到魏寨讨战，务必要让司马懿出战，但你不必取胜，只可诈败，司马懿一定会来追赶，你便往七星旗处而走，若是夜间，就往亮七星灯的地方去，要引司马懿进葫芦谷，到时我自有擒他之计。"魏延受计，带兵而去。

诸葛亮又叫高翔吩咐说："你将木牛流马分二三十或四五十为一群，装上米粮，在山路上往来行走，如果被魏军抢了去，那就是你的功劳。"高翔领计而去。

诸葛亮将驻扎在祁山的队伍都一一分派出去了，只留下屯田兵，对他们吩咐道："如果其他兵来战，你们只许假装打败，但要是司马懿亲自来了，你们才可以合力去攻打渭南，截断他的归路。"

诸葛亮分拨已定，自己带上一军来到靠近上方谷的地方安下营寨。

夏侯惠、夏侯和二人进寨报告司马懿说："眼下，蜀军四散结营，各处屯田，以作久驻之计。要不趁早除掉他们，纵令他们安居时间长了，根深蒂固，就更难以动摇了。"

司马懿道："这一定又是诸葛亮之计。"

夏侯二人道："都督要是这般疑虑，敌寇何时才能被消灭？我兄弟二人要奋力去决一死战，以报效国家。"

司马懿说："既然这样，你二人可分头出战。"

于是命令夏侯惠、夏侯和各带5000兵去剿寇，自己则坐观回音。

夏侯惠、夏侯和带兵两路，正行之间，撞见蜀军赶木牛流马而来，二人便一起杀将过去，蜀军大败奔走，木牛流马全被魏兵抢获。

第二天，魏军又抓到蜀兵人马一百多个，全部押往大寨，司马懿向蜀兵审问诸葛亮虚实，然后便都放了回去。

诸葛亮令高翔假装运粮，驱驾木牛流马，往来于上方谷内。夏侯惠、夏侯和等不时地去截杀，半月之间，魏军连胜几仗，司马懿心中欢喜。

一日，又抓到几十个蜀兵，司马懿问诸葛亮在哪里，蜀兵答道："丞相不在祁山大寨，在上方谷西边安营，令每日运粮屯往谷中。"

司马懿便叫来众将下令道："你们明日可合力齐攻祁山大寨，我亲自引兵去接应。"众将领令，各准备出兵。

司马师道："父亲为何反要攻敌人后方呢？"

司马懿道："祁山乃是蜀人的根据地，若见我军攻打它，肯定都回来救它，这时我便去取上方谷，烧掉他的粮草，让他首尾不应，必然大败。"

司马师拜服。司马懿便发兵起行，令张虎等在后面救应。

诸葛亮在山上，望见魏军或三五千一行，或一二千一行，队伍纷纷，前顾后盼，料他肯定是来取祁山大寨，便密传众将："若是司马懿亲自来了，你们就去攻魏寨，夺了渭南。"

魏兵都奔祁山大寨而来，蜀军从四下里一起呐喊奔出，虚作救应之势。

司马懿见蜀军都去救祁山寨，便带两个儿子和中军护卫人马，杀奔上方谷来。

魏延在谷口，只盼司马懿来，忽见一队魏兵杀到，魏延纵马上前一看，正是司马懿。

魏延大喝道："司马懿休走！"舞刀相迎，司马懿挺枪来战，不上三个回合，魏延拨马便走，司马懿随后跟来。

魏延望七星旗处而走。司马懿见只有魏延一将，军马也少，便放心地追击，司马昭、司马师相随左右，一齐攻杀。

魏延带 500 军都退进了上方谷。司马懿追到谷口，先令人进去哨探。

回报说谷中并没有伏兵，山上全是草房。

司马懿道："这里肯定是囤积粮草的地方。"于是大驱兵马，全部进入谷中。

司马懿这时忽见草房上尽是干柴，前面魏延已经不见了，心中不由犯疑，对两个儿子道："倘若有兵截断谷口，那可怎么办？"话音未落，只听喊声大震，从山上一齐抛下火把来，烧断了谷口，魏兵无路可逃。

山上火箭射下，地雷一起突出，草房里干柴都着了，一时间火势冲天。

司马懿惊得手足无措，跳下马抱住两个儿子大哭道："我父子三人都要死在这里了！"

正哭着，忽然狂风大作，黑气漫天，一声霹雳，大雨倾盆。于是满谷的大火，全被浇灭，地雷不震，火器无功。司马懿大喜道："不趁此时杀出，更待何时！"

立即引兵奋力杀出，张虎等也带兵前来接应，与司马懿合在一处，同归渭南大寨，不想寨栅已被蜀军夺去，郭淮等正在浮桥上与蜀军接战，司马懿带兵杀到，蜀军退去。司马懿烧断浮桥，占据北岸。

在祁山攻打蜀寨的魏兵听说司马懿大败，丢了渭南营寨，军心大乱，急退时，四面蜀军冲杀而来，魏军十伤八九，死者无数，残余的都奔过渭水逃生去了。

诸葛亮在山上看见魏延引司马懿入谷，一霎间火光大起，心中甚喜，以为司马懿这次必死，没想到大雨从天而降，火不能着，使司马父子死里逃生。

诸葛亮叹道："谋事在人，成事在天。不可强也！"

原来，上方谷位于两山之间，谷口很小，像个葫芦，并且谷内地势很低，空气潮湿，不易流动。

所以当大火在谷内突起时，气温立刻剧增，水分蒸发，升上空中，与高空中的冷空气相遇，便形成了云，而干柴燃烧产生的大量烟尘，又极易使水汽凝结，使得大雨突降。

　　与此同时而起的狂风和漫天的黑雾，则是由于谷内外空气冷热温差较大所产生的对流气体造成的，火势越大，空气流动也越剧烈，也就更加快了云层降雨。

　　司马懿父子死里逃生的真正原因，在于上方谷这一独特的地势环境，如果是换个地方，他们恐怕早就被诸葛亮的大火烧死了。

五丈原死而后已

　　诸葛亮屯兵五丈原，屡次令人挑战，魏兵只是不肯出战。

　　司马懿采取拖延战术，的确抓住了诸葛亮的致命弱点。由于战争旷日持久，加之诸葛亮办事谨慎认真，所有军政大事，事无巨细，皆事必躬亲，这使他日夜操劳，身体渐渐虚弱，很快就因操劳过度而病倒了。

　　诸葛亮旧病复发，心中昏乱。这天夜里，他扶病出帐，仰头观看天文，不禁十分惊慌，回到帐中对姜维道："我的生命已危在旦夕了!"

　　姜维道："丞相为何说这种话?"

　　诸葛亮道："我看见三台星中，客星格外明亮，主星却十分幽暗。天象是这样，我的命运就可知了!"

　　姜维说："天象虽然如此，丞相却为何不用祈禳的办法挽救它呢?"

　　诸葛亮说："我一向通晓祈禳的方法，但并不知道天意如何。你可带 49 个甲士，每人各执皂旗，身穿皂衣，环绕在大帐外边，我自己在帐内祈禳北斗星。如果七天之内主灯不灭，那我的寿命就能够增加 12 年；但如果主灯灭了，我便是一定要死了。闲杂人等，不要放进来。一切需用的东西，只叫两个小童进出搬运。"姜维领命，自去准备。

　　时值八月中秋，姜维在大帐外面带领 49 人守护。诸葛亮自己在帐中摆设香烛等祭物，地上分布着七盏大灯，周围环绕着 49 盏小灯，最中央是一盏本命灯。

　　诸葛亮在大帐中祈星已经六天，见到主灯明亮，心中非常高兴。

　　姜维进帐来，看到诸葛亮正披发执剑，踏罡步斗，压镇将星。这时忽然听得营寨外面有呐喊之声，姜维刚要叫人出去询问，魏延突然飞步进来报告说："魏兵来了！"他脚步急快，无意中将主灯扑灭。

诸葛亮一见，丢下剑叹声道："死生有命，不可得而禳也！"

魏延惶恐万状，急忙伏在地上请罪。姜维愤怒之下，拔剑便要杀魏延。

诸葛亮阻止他道："这是我命中该绝，不是文长的过错。"

姜维这才收了剑。诸葛亮吐了几口血，卧倒在床上，对魏延说道："司马懿料我有病，所以派人来探听虚实。你可立即出去迎敌。"

魏延领命，出帐上马，带兵将夏侯霸赶出大寨二十多里路才回来。诸葛亮叫魏延回本营寨去把守。

姜维进帐，一直走到诸葛亮床前问安。

诸葛亮道："我本想竭忠尽力，恢复中原，重兴汉室，无奈天意如此，我旦夕之间就要死了。我平生的所学，已著书 24 篇，共计 10.4 万字，内容有关于八务、七戒、六恐、五惧之法，我察看了所有将领，没有人可以传授，唯独你一人。请千万不要轻慢忽视了它。"

姜维哭拜着接受了。

诸葛亮又说："我有'连弩'之法，没有用过。它的方法是矢长八寸，一弓可以发出十支箭，都已画成图本。你可以根据图法去制造使用。"姜维也拜受了。

诸葛亮又说："蜀中各条道路，全都不必多忧，只是阴平地区，千万需要当心。这个地方险峻，时间久了肯定会出事。"

诸葛亮接着又叫马岱进帐来，附在他耳边，低声传了一个密令，最后嘱咐道："我死以后，你可按计行事。"马岱领计出去了。

过了一会儿，杨仪进来，诸葛亮把他叫到床前，给了他一个锦囊，秘密地嘱咐道："我死后，魏延一定会反；待他反时，你与他对阵，再打开这个锦囊，那时，自有杀魏延的人。"

诸葛亮一一调度了，便昏了过去，一直到晚上才苏醒过来，连夜表奏后主。

后主闻奏大惊，急忙命尚书李福当晚就起程到军中去向诸葛亮问安，并询问后事。李福日夜兼程来到五丈原，入帐见诸葛亮，传后主之命。

问安过后，诸葛亮流着眼泪说道："我不幸在大业未成的半途死去，虚废了国家大事，得罪于天下。我死以后，你们要尽忠尽力，辅佐后主。国家以前的制度不要改变，我所用过的人，也不可轻易废掉。我的用兵之法，都已传授给了姜维，他自会继承我的遗志，为国出力。"

李福听完了诸葛亮的话，便辞别，匆匆地赶了回去。

诸葛亮强支病体起来，让左右的人扶他坐上小车，出寨到各营询视，回到帐中，病势更加沉重，便叫来杨仪吩咐道："马岱、王平、廖化、张翼、张嶷等，都是宁死尽忠之士，久经沙场，多负勤劳，完全可以委用。我死之后，凡事都要像过去那样依法而行，要慢慢退兵，不可过急。你深通谋略，不必我多嘱咐。姜维智勇兼备，可以决断我之后的事。"杨仪哭泣着受命。

诸葛亮吩咐相关事宜之后，坐在病榻上，强撑着身体给后主写了一封遗表。

写完后，吩咐杨仪说："我死之后，不可发丧，可教后军先走，

然后一营一营慢慢退兵。如果司马懿追来，你可以布成阵势，等他到了，将我以前所雕刻的木像，放在车上推出，司马懿见了，一定会退兵。"

这晚，诸葛亮让人将他扶出帐来，仰观北斗，他远远地指着一颗星说道："那便是我的将星。"

众将正在慌乱之间，忽然尚书李福又来了，看到诸葛亮昏厥，已不能讲话，便大哭起来道："我误了国家大事！"过了一会儿，诸葛亮又醒了过来，睁开眼睛寻视众人，见李福站在床前，便说道："我已知先生

复来之意。"

李福说道："我奉天子之命，请问丞相百年后，可任大事的人。上次因过于匆忙，忘了咨询，所以复来。"

诸葛亮道："我死之后，可任大事的人，蒋公琰比较适宜。"

李福道："公琰之后，谁可继承？"

诸葛亮道："费文伟可继承。"

李福又问："文伟之后，谁可继承？"

诸葛亮不答。众将到近前来看，已经咽了气。

时建兴十二年八月二十三日，汉丞相诸葛亮病逝于军中，终年54岁。

再说司马懿以为诸葛亮已死，探查到五丈原蜀营中已空无一人，便忙亲自引兵来追。到山脚下，见蜀军不远，更加奋力追之。

这时忽然山后一声炮响，喊声大震，只见蜀军全部回旗返鼓，树影中飘出中军大旗，上面写着一行大字"汉丞相诸葛亮"。

司马懿不由大惊失色，定睛看时，只见中军几十员上将，拥出一辆四轮车来，车上端坐着诸葛亮，羽扇纶巾，鹤氅皂绦。

司马懿大惊道："诸葛亮还活着！我轻入重地，落进他的计中了！"急忙勒马往回跑。

背后姜维大叫道："贼将休走，你中了我们丞相之计！"魏兵魂飞魄散，弃甲丢盔，抛戈撇戟，各逃性命，自相践踏，死者无数。

司马懿奔走了有五十多里，背后两员将赶上，扯住马环叫道："都督勿惊！"

司马懿用手摸摸脑袋问："我还有头吗？"

二将道："都督休怕，蜀兵已经离远了。"

司马懿喘息半晌，神色方定，睁开眼睛一看，原来是夏侯霸和夏侯惠，这才舒了口气，与二将寻小路赶回本营寨去。

过了两天，乡民奔走相告说："蜀兵退入谷中之时，哀声震地，军中扬起白旗，诸葛亮果然死了，只留姜维带1000兵断后。前日车上的诸葛亮其实是木人。"

司马懿听说后叹道："我能料诸葛亮生，却不能料诸葛亮死也！"

因此蜀中人有谚语道："死诸葛惊走活仲达。"

司马懿确信诸葛亮已死，才又带兵追赶蜀军，走到赤岸坡，见蜀军已去远了，才引大军回去。

一路上看到诸葛亮安营扎寨之处，前后左右，整齐有法，司马懿叹道："真是天下奇才啊!"

从历史上看，诸葛亮与司马懿皆才智过人之人，然而如果将两人再作比较，司马懿就远远逊色于诸葛亮了。

司马懿不仅在作战布阵方面不是诸葛亮的对手，就是在用智用谋方面，也远远不及诸葛亮。

诸葛亮设谋往往能举一反三，在斗智中经常是在别人思维可能考虑到的最后限度之外再去设谋，因此总是高人一筹。

这种深谋远虑不仅司马懿望尘莫及，即使把历史上很多著名的谋臣将相拿来作比较，也很难找出能与诸葛亮相匹敌的。

一代名相的逝世，对于蜀汉政权来说，无疑是一颗闪烁着万丈光芒的巨星陨落。刘备惨淡经营数十年所建的蜀汉，此时已处于风雨飘摇之中。

诸葛亮死后，魏延果然造反，杨仪令先锋何平引兵到南谷讨之。何平出马大骂："反贼魏延在哪儿? 丞相新亡，骨肉未寒，你就敢造反!"

又扬鞭指着魏延部下道，"你等军士，都是西川之人，川中多有父母妻子，兄弟亲朋。丞相在时，不曾薄待你们，现在不可帮助反贼，宜各回家乡，听候赏赐。"

众军一听，大喊一声，散去了大半，只有马岱所领的 300 人不动。魏延大怒，挥刀纵马，直取何平。何平带军飞奔而去。

魏延、马岱带兵往南郑杀来，姜维挺枪立马于门旗之下，高声大骂："反贼魏延，丞相当初曾识你脑后有反骨，料你日后必反，每每想要杀你，却怜你英勇，所以姑且留用，不曾亏待于你，如今却果然造反。"

这时，杨仪在门旗影下拆开诸葛亮留给他的锦囊，见上写如此如此。

杨仪大喜，轻骑到阵前，手指魏延道："你若是敢在马上连叫三声'谁敢杀我'，就算你是真正的大丈夫，我就把汉中城池献给你。"

魏延大笑道："这有何难！诸葛亮在时，我尚怕三分；如今他已经死了，看天下谁能与我为敌？别说连叫三声，就是连叫三万声，又能怎样？"

于是当即便在马上大叫道："谁敢杀我？"

一声未叫完，脑后一人厉声应道："我敢杀你！"手起刀落，斩魏延于马下。

众人都惊骇不已，斩魏延者，乃是马岱。原来，诸葛亮临终之际授马岱以密计，只等魏延喊叫时，便出其不意斩他。

之后，杨仪等人便扶诸葛亮灵柩回到成都，后主带文武官僚，全部挂孝，出城十公里迎接。

后主放声大哭，上至公卿大夫，下至山林百姓，男女老幼，无不痛哭，哀声震地。后主命扶柩入城，停在丞相府中。诸葛亮之子诸葛瞻守孝居丧。

杨仪入朝，呈上诸葛亮遗表。后主阅后大哭，降旨卜地安葬。费文伟奏道："丞相临终时，命就葬于定军山，不用墙垣砖石，也不用一份祭物。"后主从之，择当年十月吉日，亲自送灵柩到定军山安葬，降旨封诸葛亮谥号忠武侯。

诸葛亮之死，是蜀汉国的巨大损失。在三分天下中，诸葛亮犹如蜀汉国的一根顶梁柱，这根柱子一倒，整个蜀汉国就有垮掉的危险。人们忘不了这个为国为民、鞠躬尽瘁、死而后已的父母官；忘不了诸葛亮那大智大勇、超乎常人的智慧和力量。

上至朝廷皇帝，下至百姓，顷刻间陷入极度悲哀之中，人们纷纷要求设庙堂纪念这位受人尊敬的丞相、智通鬼神的圣人。

由于民间自发私祭的人越来越多，因此刘禅终于下诏，在河阳修建诸葛亮的相庙，命为武侯祠，供人们祭拜。

诸葛亮死后，蜀汉国延续了近30年。263年，蜀汉政权在曹魏三路军的攻击下终于灭亡了，诸葛亮之子诸葛瞻在蜀汉政权中曾任传中、尚书仆射和军师、将军等职。

在魏军进攻洛县，即今四川绵阳。绵竹，即今四川绵阳西南时，诸葛瞻因坚决抗击魏军而战死沙场，其十几岁的儿子诸葛尚也不辱先祖之英名，面对强敌临危不惧，愤然冲入敌阵，直至战死。三代忠烈，皆为蜀汉政权献出了宝贵的生命。

诸葛亮一生的历史活动，表现了忠诚、勤勉、开明、智慧。因而他不仅受到历代封建统治者的推崇和赞扬，也颇受广大人民群众的尊敬和爱戴。

附　录

　　为将的原则，一定要顺应自然规律、依据时机和依靠
兵力量来取得胜利。

——诸葛亮

经典故事

∽ 一生节俭 ∾

诸葛亮生前,在给后主的一份奏章中对自己的财产、收入进行了申报:"成都有桑八百株,薄田十五顷,子弟衣食,自有余饶。至于臣在外任,无别调度,随身衣食,悉仰于官,不别治生,以长尺寸。若死之日,不使内有余帛,外有赢财,以负陛下。"

诸葛亮去世后,其家中情形确如奏章所言,可谓内无余帛,外无赢财。

诸葛亮病危时,留下遗嘱,要求把他的遗体安葬在汉中定军山,丧葬力求节俭简朴,依山造坟,墓穴切不可求大,只要能容纳下一口棺木即可。入殓时,只着平时便服,不放任何陪葬品。这就是一代名相诸葛亮死后的最高要求,其高风亮节实为可圈可点。

诸葛亮以他的实际行动兑现了自己"鞠躬尽瘁,死而后已"的诺言。

∽ 为政廉洁 ∾

三国时期,蜀国境内"刑法虽峻而无怨者",重要的一个原因,是蜀国名相诸葛亮严于律己,一身清廉使然。诸葛亮一生"抚百姓,示官职,从权制,开诚心,布公道"。

刘备三顾茅庐,诸葛亮为其所动,之后跟随刘备征战南北,屡建奇功,刘备死后,诸葛亮"受任于败军之际,奉命于危难之间",蜀国国事,事无巨细,每必亲躬。

诸葛亮五次亲率大军,北伐曹魏,与曹魏短兵相接。严格要求子侄等晚辈，不以自己位高权重而特殊对待；亲派侄儿诸葛乔与诸葛子弟一起，转运军粮深山险谷之中。

为此，他专门给其兄诸葛瑾写信说，诸葛乔"本当还成都"，但"今诸将子弟皆得转运"，"宜同荣辱"。马谡失街亭后，他引咎自责，上疏后主刘禅，"请自贬三等"，从此更兢兢业业，勤勉有加。

长期的废寝忘食使他心力交瘁，积劳成疾，年仅54岁便英年早逝。

❧ 做事大公无私 ❧

诸葛亮不仅能种出好庄稼，而且还有一手种西瓜的好手艺。襄阳一带曾有这么一个规矩：进了西瓜园，瓜可吃饱，瓜子不能带走。传说这条"规矩"也是当年诸葛亮留下来的。

诸葛亮种的西瓜，个大、沙甜、无尾酸。凡来隆中作客和路过的人都要到瓜园饱饱口福。周围的老农来向他学种瓜的经验，他毫不保留地告诉他们瓜要种在沙土地上，上麻饼或香油脚子。好多人都来问他要西瓜种子，因为以前没有注意留瓜子，许多人只好扫兴而归。

第二年，西瓜又开园了，他在地头上插了个牌子，上面写道：

瓜管吃好，瓜子留下。

诸葛亮把瓜子洗净、晒干，再分给附近的瓜农。现在，汉水两岸沙地上的贾家湖、长丰洲、小樊洲的西瓜仍有名气，个大、皮薄、味沙甜。有些地方还遵守那条"吃瓜留子"的老规矩。

❧ 鹅毛扇的来历 ❧

诸葛亮的鹅毛扇代表着智慧和才干，所以在有关诸葛亮的戏曲中，孔明总是手拿鹅毛扇。

关于鹅毛扇，民间流传着这样的故事，黄承彦的千金小姐黄月英并非丑陋，而是一个非常聪明美丽、才华出众的姑娘。黄承彦怕有为的青年有眼不识荆山玉，故称千金为"阿丑"。

阿丑黄月英不仅笔下滔滔，而且武艺超群，她曾就学于名师。艺成下山时，师傅赠送她鹅毛扇一把，上书"明"、"亮"二字。二字中还密密麻麻地藏着攻城略地、治国安邦的计策。并嘱咐她，姓名中有明亮二字者，即是你的如意郎君。

后来黄承彦的乘龙快婿，就是吟啸待时、未出隆中便知天下三分的名字中有"明"、"亮"二字的未来蜀国丞相诸葛亮。

结婚时，黄月英便将鹅毛扇作为礼物赠给诸葛亮。孔明对鹅毛扇爱如掌上明珠，形影不离。他这样作不仅表达了他们夫妻间真挚不渝的爱情，更主要的是熟练并运用扇上的谋略。所以不管春夏秋冬，总是手不离扇。

清朝康熙年间，襄阳观察使赵宏恩在《诸葛草庐诗》中写道："扇摇战月三分鼎，石黯阴云八阵图"，就足以证明诸葛亮手执鹅毛扇的功用以及他手不离扇的原因。

年　谱

181 年，诞生于琅邪阳都，即今山东沂南县。

189 年，生母章氏去世。

192 年，父亲诸葛珪去世。

194 年，与弟诸葛均及两个姐姐由叔父诸葛玄收养。赴江东。

195 年，叔父诸葛玄任豫章太守。他及姐弟随叔父赴豫章，即现在的南章。

197 年，诸葛玄病故。诸葛亮和姐弟移居隆中。

199 年，与友人徐庶等师从水镜先生司马徽。

207 年，刘备三顾茅庐，诸葛亮对刘备陈说三分天下之计，即著名的"隆中对"。旋即出山辅佐刘备。

208 年，说服孙权与刘备结盟，参与赤壁之战获胜。

209 年，任军师中郎将。

211 年，与关羽、张飞、赵云镇守荆州。

214 年，留关羽守荆州，与张飞、赵云率兵与刘备会师。刘备进成都，掌管巴蜀。诸葛亮任蜀军军师将军，署左将军，兼任大司马府事。

215 年，整顿巴蜀内政。

218 年，留守巴蜀，筹集军粮，供应在汉中作战的刘备。

221 年，刘备登基，建立蜀国。诸葛亮任丞相。

223 年，刘备白帝城托孤诸葛亮。刘禅封诸葛亮为武乡侯，领益州牧。

224 年，调整巴蜀内政，稳定因刘备战败而混乱的人心。

225 年，率军南征，稳定南部四郡。

226 年，准备兴师讨魏。

227 年，向后主刘禅呈交《出师表》进行北伐。

228 年，北伐中街亭失守，诸葛亮挥泪斩马谡，自贬为右将军，行丞相事。

229 年，再次北伐夺取武都、阴平，恢复丞相职位。

230 年，再次北伐。

231 年，北伐攻祁山，破司马懿，大败魏将张郃。

233 年，在斜谷修造剑阁，屯集粮食。

234 年，于再次北伐中病故于五丈原。终年 54 岁。

名　言

● 一个人的志向应当保持高尚远大，仰慕先贤人物，断绝情欲，不凝滞于物，使贤者的志向高高地有所保存，诚恳地有所感受，能屈能伸，抛弃琐碎的东西，广泛地向他人咨询、学习，除去狭隘、悭吝，这样即使未得升迁，又何损于自己美好情趣？何愁理想不能实现？

● 如果意志不坚定，意气不昂扬，徒然随众附和，沉溺于习俗私情，碌碌无为，就将继续伏匿于凡庸人之中，终究不免于卑下的地位。

● 应该广泛地听取意见，来发扬光大先贤的圣德，发扬有抱负的人的志气，不应该随便地看轻自己，说话不恰当，以至于堵塞了忠言进谏的道路！

● 皇宫中和丞相府中的人，都是国家的官员；升降官吏，评论人物好坏，不应该因在宫中或在府中而异。

● 如果有做奸邪事情、触犯法律条文，或者做对国家有贡献的好事的人，应该交给主管的官员判定他们受罚或者受赏，来表明陛下公正严明的治理，不应该有偏袒和私心，使内宫和外府刑赏之法不同。

● 亲近贤臣，疏远小人，这是先汉兴旺发达的原因；亲近小人，疏远贤臣，这是后汉倾覆衰败的原因。

● 用愚昧而不知用计的人去对抗善用谋略的人，这是违背常理；若用善于谋略的人去战胜愚昧的人，则合乎规律，易如反掌；而才智相当的人进行抗争，就要仰赖于把握时机了。

● 掌握时机有三种方法：一是事情变化，二是形势变化，三是情势变化。事情变化于我有利，却不能采取措施，这不是聪明的表现；形势状况转变却不能决断，这不是贤能的表现；情势有进展却不能顺势行动，这不是勇敢的表现。善于带兵打仗的将领，一定要凭借有利的时机来取得胜利。

● 让有道德才能的人居于上位，让没有本事的人居于下位，全军上下关系融洽，士兵敬畏服从，互相议论的是勇敢和战斗，互相崇尚的是凶猛威武，而用刑罚和奖赏来互相劝勉，这是取得胜利的征兆。

● 如果士兵懒惰怠慢，全军多次被惊扰，下属不遵守礼义信用，人们都不畏惧法规的惩处，而用敌人来互相恐吓，互相交谈的是利益，互相嘱托的是吉凶祸福，则是失败的前兆。

本书主要参考资料

《诸葛亮志》 王瑞功主编 山东人民出版社

《诸葛亮传》 祝秀侠著 东方出版社

《草根宰相诸葛亮》 聂小晴著 中国广播电视出版社

《诸葛亮》 吴松林编写 大众文艺出版社

《正说诸葛亮》 柳春藩著 中国青年出版社

《诸葛亮大传》 朱大渭 梁满仓著 中华书局

《诸葛亮》 罗周著 国际文化出版公司

《诸葛亮传》 温发权编著 中国社会出版社

《诸葛亮》 马凤岗 王瑞功著 山东文艺出版社

《诸葛亮传》 张扬著 京华出版社

《诸葛亮传》 毕盛杰编著 远方出版社

《诸葛亮：盖世名相》 郑清秋编著 时代文艺出版社

《诸葛亮全传》 刘华明 郑长兴主编 印刷工业出版社

《诸葛亮》 吴祖德著 少年儿童出版社

《一代名相——诸葛亮》 寇养厚著 山东教育出版社

《诸葛亮》 余大吉著 军事科学出版社

《诸葛亮》 赵庆元编著 安徽少年儿童出版社

《诸葛亮新传》 章映阁著 上海人民出版社

《诸葛亮》 郑孝时著 江苏人民出版社

《一代名相诸葛亮》 曹余章著 上海人民出版社

《诸葛亮》 王永生改写 少年儿童出版社